Der Trank der Unsterblichkeit

Der Trank der Unsterblichkeit

Chinesische Schöpfungsmythen und Volksmärchen

Nacherzählt von Ernst Schwarz
und Amina Agischewa

Herausgegeben und kommentiert von Ernst Schwarz

Kösel

Mit chinesischen Vignetten und Bildern

ISBN 3-466-20422-4

Druck und Bindung: Kösel, Kempten
Umschlag: Elisabeth Petersen, München
Umschlagmotiv: Kaiserlicher Drache mit flammender Perle.
Detail aus einem kaiserlichen Gewand. China,
T'ung Chih Periode 1862-1874.

1 2 3 4 5 · 01 00 99 98 97

Gedruckt auf umweltfreundlich hergestelltem Werkdruckpapier
(säurefrei und chlorfrei gebleicht)

Inhalt

Einleitung

Der berühmte chinesische Philosoph Dschuang Dse (etwa 370 bis 280 v.Chr.) schrieb in einem seiner geistreichen Essays, daß einst im Zeitalter der »reinen Unverdorbenheit« die Menschen gemeinsam mit den Vögeln und Tieren lebten und »mit allen Dingen eine Sippe bildeten«. In jene fernen Zeiten des Menschengeschlechts reichen die Schöpfungsmythen und in ihren Grundzügen vermutlich auch manche der Volksmärchen in diesem Band zurück – nicht in den Einzelheiten des uns überlieferten Stoffs, sondern in ihrem Geist, in der Ursprünglichkeit des Sehens und Fühlens, in ihrer Nähe zur Natur, in der für sie so charakteristischen, noch als völlig selbstverständlich, noch als »natürlich« erscheinenden Zusammengehörigkeit des Menschen mit der Welt der Tiere und Pflanzen, mit den Bergen und Flüssen, den Gestirnen und Geistern, mit allem Seienden in allen Regionen des Alls.

Zum Unterschied von der jüdisch-christlichen Vorstellungswelt steht für den Chinesen am Anfang alles Seins keine Schöpfergestalt, kein – wenn auch nur in nebelhaften Umrissen – faßbarer Gottvater, der das Menschengeschlecht nach seinem Ebenbild schuf, sich seinem Volk offenbarte, indem er mit Donnerstimme vom Himmel herab oder durch den Mund von Propheten zu ihm sprach, ein Vater, der gütig-liebevoll, aber auch grimmig, zornig, ja haßwütig sein konnte, großzügig zu beschenken, aber ebenso auch grausam zu bestrafen wußte und sich trotz seiner ahnungsweise dem Menschen ähnlichen, vage erahnbaren Gestalt niemals zeigte außer in unerwarteter Verwandlung – als Dornbusch, als Taube, als Schrift, als in Stein gehauenes Gesetz.

Für den Chinesen beginnt die Welt mit dem Ungestalten, immer schon Seienden, das ewig ist und über dessen Anbeginn zu spekulieren daher offensichtlich sinnlos wäre. Aus diesem Ungestalten gebiert sich das Gestaltete; es gebiert sich ohne Zeuger und ohne Gebärerin, aus eigener Kraft, aus sich selbst. Da es in seiner Urform noch roh und ungeschlacht ist, bedarf es der gestaltenden Potenz und des Geistes großer Menschen, die mehr von der universalen Urkraft in sich vereinigt haben als andere und daher befähigt sind, dem Volk den Rechten Weg zu weisen. Der Zentralbegriff des klassischen chinesischen Weltbilds ist das Dau (Dao), der Rechte Weg, das Prinzip der Ordnung in allem – in der menschlichen Gesellschaft, in der Welt, im Universum. Diesen Rechten Weg zu erkennen, erfordert Weisheit; und so sind die großen Urgestalten in der chinesischen Mythologie auch nicht muskelstrotzende Heroen und kühne Recken, sondern bedachtsame Weise – weise Herrscher der Urzeit und ihre weisen Ratgeber. Ihre Waffentaten sind meist weniger wichtig als ihr hilfreiches, segenspendendes Wirken. Sie bringen dem Volk Hilfe in seinen Nöten und Erleichterung in seinem schweren Leben. Sie sind es, die in allen Dingen den Rechten Weg finden und der Welt, dem Menschen in den allerersten Anfängen sogar körperliche Gestalt verliehen haben, wie die Mythen von Pan-Gu und von der Urmutter Nü-Wa andeuten, – Urgestalter, Erhalter und Träger der Welt-Ordnung.

Zum Unterschied von den Griechen und Römern, deren Mythen in der Volks- und Staatsreligion eine wesentliche und dauerhafte Rolle spielten und daher im großen und ganzen erhalten blieben, sind uns von den Mythen Chinas nur dürftige Reste erhalten. Der Sieg des Christentums hatte zwar vorübergehend die alten Mythen aus dem Bewußtsein der bekehrten Völker verdrängt oder sie überlagert, aber Latein blieb die Kirchen-, Gelehrten- und Amtssprache, und mit der antiken Literatur überlebte auch viel vom griechisch-römischen Mythengut, das dann in der Renaissance eine Wiederauferstehung feiern konnte.

In China fielen alle jene Mythen, die nicht in ein bestimmtes Weltbild paßten, einer Ideologie zum Opfer, die den Staatsgedanken in den Vordergrund stellte und alles religiöse Leben diesem unterzuordnen suchte. Unter Kaiser Wu-Di der Han-Dynastie (135 bis 87 v.Chr.) wurde der Konfuzianismus zur Staatsreligion erhoben. China war erst hundert Jahre früher nach mehr als fünfhundertjähriger Aufsplitterung in de facto unabhängige Fürstentümer wieder geeint worden. In diesen wirren Zeiten hatten regionale Mythen eine große Bedeutung im Leben der Bevölkerung in den einzelnen Feudalstaaten gespielt. Nach der Reichseinigung suchte die kaiserliche Zentralmacht auch in Glaubenssachen, im Ritual und in der Liturgie Einheit im ganzen Reichsgebiet herzustellen.

Aufgrund einer langen Tradition fielen im Feudalsystem Chinas die politische, militärische und religiöse Macht in der Person des Fürsten, des Landesherrn zusammen. So waren denn auch die späteren Kaiser zugleich Oberpriester der Staatsreligion, die ihre priesterliche Macht nach unten delegieren konnten; auch ihre regionalen Vertreter waren nicht nur Staatsbeamte, sondern übten priesterliche Funktionen aus. In einem solchen System gab es kaum noch Platz für andere als vom Staat verfügte oder geduldete Kulte. Aus diesem Grund empfanden auch die Hüter der Kultur in den mehr als zwei Jahrtausenden der dynastischen Geschichte Chinas, die Gelehrten und Beamten, die in Wirklichkeit eine Klasse bildeten, den Volkskulten und -überlieferungen gegenüber eine gewisse Abneigung. Ihnen wurde keine – oder eine eher negative Bedeutung zugemessen. So wurden sie, mit wenigen Ausnahmen, aus dem ausschließlich von der gelehrten Beamtenschaft beherrschten Schrifttum Chinas ausgeschlossen. Wenn wir heute nach alten chinesischen Mythen suchen, sind wir meist auf fragmentarische, uneinheitliche, oft sogar sich widersprechende (was sich natürlich auch aus ihrer Herkunft aus verschiedenen Reichsgebieten erklärt) Zufallsaufzeichnungen, verstreut in zahllosen alten Werken wie in dem »Buch von den Bergen und Meeren«, dem Sammelwerk »Huai-Nan Dse« und vielen anderen alten Texten, angewiesen. Die Schöpfungsmythen in unserem Buch bieten nur eine sehr geraffte, möglichst kohärente Zusammenfassung des vorliegenden Materials.

Im Weltbild des alten China wurde das Universum als organisches Ganzes empfunden, als eine große Familie, in der alles miteinander verwandt ist. Unter den Verwandten gibt es freilich nicht nur gutherzige, sondern auch böse und gefährliche. Aber ihre Macht ist begrenzt. Alles ist unaufhörlichem Wandel unterworfen; dieser ewigen Wandlungen tiefster Sinn aber ist die Wahrung ewigen Lebens, die Wahrung der großen Familie alles Seienden. Davon kündet in geheimnisvollen Worten auch das in jüngster Zeit bei uns bekanntgewordene »Buch der Wandlungen«, ursprünglich ein Orakelbuch, in dem sich bemerkenswerte Hinweise auf die Dynamik allen Geschehens, auf den dialektischen Prozeß in Natur und Geschichte finden.

In unseren Volksmärchen wandeln sich Blumen in Mädchen und Mädchen in Blumen. Einem vom letzten Geld eines schönheitsliebenden Jünglings gekauften Bild entsteigt eine Fee und bringt ihm und seiner Mutter durch ihre Zauberkraft in der Kunst des Webens Wohlstand ins Haus. Eine Lotosblume nimmt aus Liebe zu einem armen Fischer die Gestalt einer

Jungfrau an und lehrt ihn die Kunst des Jagens, indes sie selbst Maulbeerbäume pflanzt und aus einer öden, felsigen Wildnis fruchtbares Land macht. Auf dem Weg der Wandlung von Unglück zu Glück, von Bösem zu Gutem, von Lebengefährdendem zu Lebenerhaltendem hängt das Gelingen von den sittlichen Kräften der Vereinigung des Mannes und der Frau ab.

Alles in der Welt geschieht in den Weisheitslehren der Chinesen durch das harmonische Zusammenwirken der Yin-Kraft – der Kraft des Weiblichen – und der Yang-Kraft – der Kraft des Männlichen. Ein richtiges Verhalten dieser Kräfte zu- und gegeneinander sichert der Welt, der Natur, dem Menschen ein ungestörtes Dasein, insofern nämlich, als sich alle Wandlungen dadurch »natürlich« vollziehen können. Auch der Tod wird so als natürlich und somit zumindest weniger schmerzhaft empfunden, da er als Teil des Lebens aufgefaßt wird – als das zwangsläufige Vergehen alles Entstandenen, das, sich wandelnd, in ein anderes, neues Sein übergeht.

In dem Märchen »Die Mimose« zerstört der Jüngling das ursprünglich harmonische Verhältnis zur »Lotosfee«, indem er dem Reiz des Bösen, der Begehrlichkeit, der Begierde verfällt. Die Yin-Kraft ist hier übermächtig geworden; die Yang-Kraft hat sich aus der Übereinstimmung mit der ihr entsprechenden Yin-Kraft losgerissen; für den Augenblick siegt die Hexe über die Fee; der einstmals kräftige Jüngling verkümmert und wird zum kopfhängerischen »Schämdichgras«, zur »Mimose«. Ähnlich wäre es beinahe dem jungen Gelehrten in dem Märchen »Der Schmetterling« ergangen, als er die wundersame Perle, die ihm von der Schmetterlingsfee anvertraut worden war, prahlerisch zur Schau stellte und durch seinen Leichtsinn verlor. Doch er besaß die sittliche Kraft, das ihm verlorengegangene Yin-Wesen, die Fee – und damit die Perle, allen Schwierigkeiten trotzend, beharrlich zu suchen; und nicht nur sein persönliches Glück findet er wieder; auch die Natur wird durch das wiederhergestellte harmonische Zusammenwirken der Yin- und Yang-Kräfte erneuert und verschönt. Grünes Gras bedeckt die Insel, wo vorher der eisige Palast des dreiköpfigen Ungeheuers stand, und der erstarrte, gläserne See erwacht zu neuem Leben und füllt sich mit Wasser, in dem sich glitzernd das Sonnenlicht spiegelt.

Es ist mit Sicherheit anzunehmen, daß die Blumenfeen – die »rote« und »grüne« Päonie, die Lotosfee – ebenso wie die Schmetterlingsfee, das dreiköpfige Ungeheuer, Tschang-E und der Hase in »Trank der Unsterblichkeit« sowie viele andere Gestalten der Volksmärchen in sehr ferne Zeiten, bis in die Zeiten totemistischer Vorstellungen zurückverfolgt werden könnten. Nur haben leider die konfuzianischen Gelehrten als beamtete Hüter des Geisteslebens im China der Feudalzeit in ihrer einseitigen Ausrichtung auf das ihnen staatspolitisch wichtig erscheinende Schrifttum ethisch-didaktischer Art die Mythen ihres Volkes willentlich entstellt oder dem Vergessen anheimfallen lassen. So ging uns auch so mancher Schlüssel verloren, der uns die Schatzkästchen alten mythischen Erbguts hätte öffnen können.

An Volksmärchen erinnernde Geschichten von Literatenhand gibt es zwar schon aus der Han-Zeit (206 v.Chr. bis 220 n.Chr.). Aber diese Geschichten sind meist trocken, gekünstelt und im allgemeinen eher phantasielos. Ebenso wie in China begann auch in Europa die schriftliche Aufzeichnung von Märchen mit Kunstmärchen, und zwar zunächst als Folge der Übersetzung der arabischen Geschichten aus »Tausendundeiner Nacht« ins Französische durch Antoine Galland (1704-1708). Plötzlich fanden Schriftsteller aus vielen europäischen Ländern Gefallen an Märchenstoffen. Doch die meisten ihrer Dichtungen entsprangen ihrer eigenen Phantasie, und selbst das, was aus echter Volksüberlieferung stammte, wurde literarisch verformt, stilisiert und nach dem Zeitgeschmack zurechtgestutzt und umgedichtet. Auch Musäus' vielgelesene »Volksmärchen der Deutschen« sind in Wirklichkeit Kunstprodukte. Erst mit den »Kinder- und Hausmärchen« der Brüder Grimm (veröffentlicht zwischen 1812 und 1822) wurde dem Leser ein Einblick in die wahre Natur des Volksmärchens geboten.

In China begann man erst nach dem Sturz der Mandschu-Dynastie (1911) Interesse für Volksüberlieferungen zu zeigen. An der Pekinger Universität bildete sich 1918 eine Gesellschaft für die Sammlung und Publikation chinesischer Volksmärchen. Im ersten Jahrzehnt nach der Gründung der Volksrepublik China (1949) wurde viel für die Aufzeichnung und Bewahrung des folkloristischen Erbes getan – wenngleich mit einer gewissen Tendenz zur »ideologisch« verfälschenden Umgestaltung des ursprünglichen Märchenstoffs im Sinn der damaligen politischen Linie: So mancher böse Zauberer verwandelte sich unversehens in einen unbarmherzigen Gutsherrn. Nach dem »Großen Sprung vorwärts« von 1958 bis 1960, insbesondere aber während der sogenannten »Großen proletarischen Kulturrevolution« von 1966 bis 1976 erlahmte die Arbeit an diesem Projekt vollends. Auch heute gibt es immer noch kein umfassendes und repräsentatives Sammelwerk chinesischer Volksmärchen.

Die in unserem Band nacherzählten Volksmärchen stammen zum größten Teil aus der Provinz Schan-Dung. Als Textgrundlagen und Nachschlagewerke wurden unter anderem benutzt: die gewissenhaften Übersetzungen von J. Osipow und B. Riftin in »Zolotyje tscherepaschki«, Moskwa 1962; und von B. Riftin in »Kitaskije narodnije skaski«, Moskwa 1972; die 1983 in Bejing erschienene Anthologie »Women in Chinese Folklore«; die reichhaltige, aber in ihrer Zusammenstellung des Materials oft recht willkürliche Sammlung chinesischer Mythen und Märchenstoffe von T.T.C. Werner in »Myths and Legends of China«, London 1922; sowie »Mythen der Völker«, Band 2, von Pierre Grimal, deutsch, Frankfurt (Main) 1967; und die sehr gründliche und bisher wahrscheinlich beste Enzyklopädie der Mythen der Völker der Welt »Mify narodow mira«, Moskwa 1980; auch das 1985 in Schanghai erschienene »Lexikon chinesischer Mythen und Legenden« (Dschung-Guo Schen-Hua Tschuan-Schuo Tsi-Diän) des großen chinesischen Experten auf diesem Wissensgebiet Yüan Ko wurde in vielen Fragen zu Rate gezogen. Die wichtigste Quelle für die Nacherzählungen jedoch waren Menschen, nicht Bücher; die Geschichtenerzähler, die von Generation zu Generation in den Dörfern und Städten Chinas einen Zuhörerkreis um sich scharten, der gespannt den Geschichten von Helden und schönen Frauen, von Kriegern und Gelehrten, aber auch vom Schicksal einfacher Leute aus den alten Volksmärchen lauschte. Da es viele Erzähler gibt, kann es keine völlig einheitliche und endgültige Fassung geben. Die meisten Volkserzählungen treten in unterschiedlichen, manchmal sogar recht weit voneinander abweichenden Varianten auf. Dann wieder fließen Märchenstoffe ineinander über, die ursprünglich sicher nicht zusammengehörten, wie zum Beispiel in der Geschichte von Tschang-E und dem Bogenschützen Ho-I in »Trank der Unsterblichkeit«, zwei Gestalten, die nachweisbar verschiedenen Mythenkreisen entstammen. Mit der Zeit aber schwinden die Nahtstellen. Die Geschichten wirken wie aus einem Stück gegossen und folgen ihrer eigenen Logik, der Logik des Märchens, die eher der Dämmerwelt des Traums, als der die Dinge scharf konturierenden Tageswelt des nüchternen Verstands angehören. Oft übertrifft die poetische Kraft des Volksmärchens ihr mythisches Urbild. Ein markantes Beispiel dafür finden wir auch in unserem Band. Um wieviel ärmer als im Märchen »Trank der Unsterblichkeit« wirken die handelnden Personen – Ho-I und Tschang-E – in ihrer rudimentären mythischen

Gestalt (s.S. 35)! Hier können wir selbst einen Vergleich anstellen. Sowohl Stoff wie auch Zusammenfügung der Urmotive lassen einen gemeinsamen Ursprung erkennen; und doch wie groß ist der Unterschied in ihrer Aussage und poetischen Wirkung!

Wo mehrere Varianten vorlagen, wurden die ästhetisch ansprechendsten ausgewählt. In den Nacherzählungen wurde versucht, den Ton der ursprünglichen Erzählweise zu wahren. Da es sich hier um eine nur in ihren Grundzügen festlegbare mündlich tradierte Literatur handelt, ergab sich die Notwendigkeit einer angemessenen freizügigen Gestaltung bei der eindeutschenden Wiedergabe des Stoffs.

Der Leser mag erstaunt sein, wie erdgebunden und doch zugleich erhaben in ihren sittlichen Ansprüchen die chinesischen Heldinnen und Helden in diesen Märchen sind. In mancher Hinsicht erinnern sie an Kulturheroen – Menschen, deren hohe Menschlichkeit eben darin liegt, zum Nutzen der Menschheit zu wirken und dem Bösen, dem Lebensfeindlichen, dem Schädlichen entschlossen entgegenzutreten, die Stirn zu bieten. Darum fehlt ihnen jener Hang zur Grausamkeit, den wir in manchen europäischen Märchen finden. Schließlich wäre noch darauf hinzuweisen, daß Schilderungen höfischen Lebens in chinesischen Volksmärchen kaum vorkommen. Die Helden besitzen auch nicht den Ehrgeiz, Königstöchter zu freien und Macht, Würden und Reichtum zu erlangen. Ihre Wünsche sind eher bescheiden – zumindest in dem, was ihre eigene Person betrifft.

Schöpfungsmythen

nacherzählt
von Ernst Schwarz

Wie Himmel und Erde entstanden

Was wir heute Himmel und Erde nennen, war vor undenklichen Zeiten ein wirr durcheinanderwirbelndes Ding von der Gestalt eines Eis. Inmitten dieses Eis aber formte sich ein Wesen, das einem Menschen glich und Pan-Gu geheißen wurde.

Achtzehntausend Jahre waren vergangen, da strebte alles, was hell und klar war innerhalb des Eis, empor und wurde zum Himmel. Alles Dunkle und Trübe hingegen senkte sich herab und wurde zur Erde. Pan-Gu schwebte zwischen beiden und wuchs und wuchs. Und auch Himmel und Erde wuchsen, ebenso wie Pan-Gu, täglich ein Dschang, was einem Maß von über drei Metern entspricht. Der Himmel wurde immer höher, die Erde immer fester und Pan-Gu immer größer. So vergingen wieder achtzehntausend Jahre. Als Pan-Gu dann starb wurden aus seinem Atem Wind und Wolken, aus seiner Stimme das Dröhnen des Donners, aus seinem linken Auge die Sonne, aus seinem rechten der Mond, aus seinen Armen und Beinen die Vier Himmelsrichtungen, aus seinen Knien, den Ellenbogen

und der Stirn die Fünf Heiligen Berge Chinas, aus seinem Blut die Ströme und Flüsse, aus seinen Sehnen und Adern die Falten, Furchen und Höhlungen der Erde, aus seinem Fleisch die Felder und Weiden, aus seinem Haupthaar und seinem Bart die Gestirne des Himmels, aus den Härchen auf seinem Körper die Bäume und Gräser, aus seinen Zähnen und Knochen die Metalle und Steine, aus seinem Mark Perlen und Jade, aus seinem Schweiß die Feuchte des Himmels und die Regenschauer. So kehrte Pan-Gu, der zugleich mit Himmel und Erde gewachsen war, im Tode zurück in die Welt und lebte weiter in ihr im Licht der Sonne und Sterne, im Ackerland, das die Bauern pflügen, in Baum und Gras und allem, was die Erde schmückt und ziert.

Wie die Menschen geschaffen wurden

Die Erde war wohnlich geworden. Sonne und Mond durchfluteten sie mit ihrem wundersamen Strahlenlicht. Bäume und Gräser kleideten sie in frohes Grün. Und auch Tiere und Vögel gab es nun in großer Zahl, die sich in den Wäldern, auf den Fluren und in den klaren Lüften fröhlich herumtummelten. Die Erde war reich geworden an Leben aller Art. Nur Menschen gab es noch nicht. Woher die Urmutter Nü-Wa kam, steht in keinem der uralten Bücher Chinas geschrieben. Schon der große Dichter Tschü Yüan stellte vor mehr als zweitausend Jahren die Frage nach ihrer Herkunft. Eines Tages war sie eben da.

Nü-Wa fühlte sich einsam und allein auf der weiten Erde.

Als sie einmal am Ufer eines Sees mit den Händen achtlos im Lehm wühlte, kam ihr plötzlich der Gedanke, den formlosen Stoff zu Klumpen zu kneten. Die Klumpen gefielen ihr in ihrer Rundheit. Aber so recht zufrieden war sie damit noch nicht. Da fiel ihr Blick auf ihr Spiegelbild im See. Ich könnte den Klumpen doch Beine machen – und auch Arme und Kopf dazu, dachte sie. Und das tat sie dann auch. Und kaum hatte der Lehm menschliche Gestalt angenommen, so kam auch etwas vom menschlichen Wesen in die Lehmfiguren. Sie stießen fröhliche Schreie aus und begannen um Nü-Wa herumzutanzen. Nü-Wa war sehr glücklich, als sie sah, wie sich ihre Lehmkinder des Lebens freuten. Noch mehr wollte sie von ihnen haben. Den ganzen Tag lang knetete sie immer neue Klumpen zurecht und formte sorgsam Arme und Beine und Köpfe aus dem klobigen Stoff. Schließlich aber wurde sie so müde von ihrer Arbeit, wie eben jeder Künstler müde wird, wenn er ruhelos immer neue Werke schaffen möchte. Seufzend lehnte sie sich gegen einen Baum und grübelte nach, wie sie sich die Arbeit erleichtern könnte. Und wieder kam ihr ein glücklicher Gedanke. Sie sprang auf und riß ein langes Stück einer Schlingpflanze vom Baum, das wie ein dickes Seil aussah. Dann holte sie Wasser vom See und rührte den Lehm am Ufer zu einem dicken Brei. In diesen tauchte sie ihr Schlingpflanzenseil und wirbelte es über ihrem Kopf im Kreise herum. Und überall, wo Klümpchen von dem Lehmbrei zur Erde vielen, begannen sie sich zu regen wie menschliche Wesen. Nur waren sie eben nicht ganz so schön anzusehen, wie die von Nü-Wa eigenhändig und recht sorgsam geformten Lehmkinder. So glücklich war also Nü-Wa's zweiter Einfall doch nicht gewesen. Hätte sie nur ein paar geschickte Helfer gehabt, die etwas achtsamer mit dem Lehm umgegangen wären, so gäbe es keine so großen Unterschiede und Ungerechtigkeiten unter den Menschen.

光宇画

Wie es zum Krieg unter den Menschen kam

In dieser Welt der reinen Freude, des Friedens und der Fröhlichkeit hätte keiner gedacht, daß Böses geschehen könnte. Und doch mußten auch diese sorglosen Menschenkinder die Schrecken des Menschendaseins alsbald zu spüren bekommen. Gung-Gung, der Geist des Wassers, und Dschu-Rung, der Geist des Feuers, waren aus irgendeinem uns unbekannten Grund aufeinander so böse geworden, daß sie sich allmählich überall und immerzu wie Feinde gegenübertraten. So kam es zu Streit und schließlich zu einem erbarmungslosen Krieg zwischen ihnen und ihren Gefolgsleuten. Feuer und Wasser vertragen sich bekanntlich nicht sehr gut. Und so tobten alsbald Kämpfe in allen Regionen der Welt, von den himmlischen Gefilden bis hinab zu den Wäldern, Flüssen und Seen der Erde. Gung-Gung erwies sich als der schwächere. Er mußte vor dem flammenden Ansturm Dschu-Rung's weichen. In grimmer Verzweiflung rannte er mit dem Schädel gegen den Berg Bu-Dschou. Sein Schädel aber war härter als das Felsgestein. Er starb nicht, sondern verlor nur das Bewußtsein – für lange, sehr lange allerdings. Denn viele, viele Jahre, ja, Jahrhunderte, bis zur Regierungszeit des Großen Yü, scheint er besinnungslos gewesen zu sein.

Wie der geborstene Himmel wieder geflickt wurde

Der Krieg war nun zwar vorbei, aber Gung-Gung hatte mit seinem Dickschädel noch viel mehr Unheil angerichtet als die erbitterten Kämpfe der beiden Geisterheere. Der Berg Bu-Dschou war nämlich durch den rammenden Anprall seiner Stirn in sich zusammengestürzt, und das hatte verheerende Folgen für die ganze Welt. Denn dieser Berg war eine der vier Stützen gewesen, auf denen der Himmel ruhte. Nun hing der Himmel an einer Seite schief herab. Die Erde darunter war an vielen Stellen geborsten, und Risse durchfurchten sie die Kreuz und Quer. Die Wälder ringsum brannten lichterloh. Und zu all dem Unglück kam noch eine gewaltige Flut, die die ganze Erde zu überschwemmen drohte. Nü-Wa brach schier das Herz, als sie das Elend ihrer lieben Lehmkinder sah. Nun galt es, eilends den schlimmen Schaden wieder gutzumachen. Da kam ihr wieder ein glücklicher Einfall. In aller Eile sammelte sie überall bunte Steine zusammen, schmolz sie in den lodernden Bränden der Wälder und schmierte mit dem flüssig gewordenen Gestein die Löcher der Himmelsdecke zu. Nie wieder sollte der Himmel einstürzen! gelobte sie sich. Kurz

射石没鏃
畫李廣故事於

entschlossen hackte sie einer Riesenschildkröte die vier Pfoten ab und richtete sie als Pfeiler des Himmelsgewölbes an den vier Enden der Welt auf. So wölbt sich nun der Himmel wie ein riesiggroßes Zelt über der Erde. Danach sammelte sie alles, was sie an Schilf zusammenraffen konnte und verbrannte es zu einem gewaltigen Haufen Asche. Damit gebot sie den Fluten Einhalt und brachte sie zum Versickern. Ja, Nü-Wa war nicht nur Urmutter des Menschengeschlechts; sie mühte sich auch mit all ihren Kräften, ihre Kinder vor Unheil zu bewahren. Die Löcher in der Himmelsdecke waren zugestopft. Die Stützen des Himmels standen wieder fest. Aber ganz hatte Nü-Wa, trotz all ihrer Mühen, die Schäden doch nicht beheben können. Nachdem Gung-Gung den Berg Bu-Dschou niedergerammt hatte, war der Himmel im Nordwesten eingeknickt und stand immer noch ein bißchen schief. Darum zieht es die Sonne, den Mond und die Gestirne auf ihren Bahnen auch immerfort nach Westen. Im Südosten wiederum war die Erde eingebrochen. Ein tiefer Graben hatte sich dort gebildet. Darum strömen auch die Flüsse Chinas allesamt südostwärts. So füllte sich der Abgrund allmählich und weitete sich zu einem gewaltigen Meer.

Der Flammende Kaiser und seine Tochter Dsching-We

Nachdem die Urmutter Nü-Wa dahingegangen war – oder, wie andere sagen, sich in zehn gute Geister verwandelt hatte –, herrschte Yän-Di, der Flammende Kaiser, über die Welt. Die Zeiten, da es genug Früchte und Beeren auf Erden gegeben hatte, waren vorbei. Die Menschen nährten sich von rohem Fleisch und wildwachsenden Kräutern. Der Flammende Kaiser wußte natürlich von der segenbringenden Kraft des Feuers. Darum lehrte er sein Volk die Kunst des Bratens und Kochens, damit sie besser und gesünder leben konnten –. Dann hackte er einen Holzklotz zurecht und bog und krümmte ihn, indem er ihn über eine Flamme hielt, zu einem Hakenpflug. So konnten die Menschen nun Felder pflügen und Getreide anbauen und reiche Ernten hereinbringen. Weil der Flammende Kaiser sie den Ackerbau gelehrt hatte, wurde er fortan auch ehrfurchtsvoll Heiliger Ackermann genannt. Das gemeinsame Pflügen, Säen und Ernten brachte die Menschen in Liebe und Eintracht zusammen. Wie Brüder und Schwestern lebten sie miteinander. Streitigkeiten waren unbekannt.

目送飛鴻
爛柯山樵

Dann aber suchte ein großes Unglück den Flammenden Kaiser heim. Eine seiner Töchter, die ihm die liebste war, fuhr auf das Ostmeer hinaus und kehrte nicht mehr heim. Ein Sturm brach aus und riß das Boot des Mädchens in die Tiefe. Doch starb nur ihr Leib; ihr Geist verwandelte sich in einen kleinen Vogel, Dsching-We geheißen, was Sorgsamer Behüter heißt. Die Erinnerung an den grausamen Tod in den tobenden Wogen des Meeres, den das Mädchen erlitten hatte, war im Herzen des Vogels wach geblieben. So sammelte er seither rastlos Steinchen und Zweiglein mit seinem winzigen Schnäbelchen und läßt sie über dem weiten Meer fallen in der Hoffnung, eines Tages die bedrohlichen Tiefen damit auffüllen zu können. Niemand mehr sollte ertrinken, so hofft das Vögelchen, wenn es nur nicht nachläßt in seiner nimmer enden wollenden, mühevollen Arbeit.

Der Gelbe Kaiser

Viele, viele Jahre nach dem Tod des Flammenden Kaisers wurde das Volk von einem kriegswütigen Riesen namens Tschih-Yo und seinem Gefolge heimgesucht. Dieser Riese hatte den letzten Nachkommen des Heiligen Ackermanns verjagt. Es konnte ihm auch niemand so leicht widerstehen, denn Tschih-Yo hatte einen Kopf aus Kupfer, und seine Stirn war aus Erz. Es heißt, daß er mit Vorliebe Felsbrocken und Eisenklumpen fraß. Er war boshaft, grausam und herrschsüchtig. Das Volk stöhnte unter seiner erbarmungslosen Herrschaft. Darum machte sich der Fürst von Yo-Hsjung, was Bärenland heißt, eines Tages mit seinen Leuten auf, um das Volk von Tschih-Yo zu befreien. Den Riesen packte eine unbändige Wut, als er Kunde davon erhielt. Sogleich rief er alle seine Mannen zusammen und rüstete sich für den Kampf. Als es dann auf dem Feld von Dschu-Lu zur Schlacht zwischen den beiden Heeren kam, ließ Tschih-Yo, dem die mächtigen Bären im Gefolge seines Gegners unheimlich vorkamen, mit seiner Zaubermacht dichten Nebel den Feind umhüllen. Doch der Fürst des Bärenlandes wußte sich zu helfen. In seinem Troß führte er nämlich einen Kompaßwagen mit sich, an dessen Vorderseite ein Mann aus Eisen mit nach vorne gestreckten Armen angebracht war. Wie man den Wagen auch drehte, immer zeigten die Arme nach Süden. So gelang es dem von Tschih-Yo umzingelten Heer trotz des dichten Nebels der Gefahr zu entrinnen und den Feind zu schlagen. Tschih-Yo wurde gefangen und hingerichtet. Nach diesem Sieg ehrten alle Großen des Reichs den Fürsten des Bärenlandes als Befreier und machten ihn zu ihrem Oberherrn. Fortan führte er den Namen Huang-Di, was Gelber Kaiser bedeutet.

Yän-Di, der Flammende Kaiser oder auch Schen-Lung, der Heilige Ackermann, genannt, und der Fürst des Bärenlands, Huang-Di, der Gelbe Kaiser, gelten bis heute als Ahnherren des chinesischen Volks.

Der Gelbe Kaiser hatte einen Minister namens Dschang Dschje, dem er den Auftrag gab, den Flug der Vögel und die Spuren der Tiere genau zu beobachten. Dschang Dschje tat das auch sehr gewissenhaft, und allmählich lernte er Gestalt und Wesen der Tiere und Vögel zu verstehen. Schließlich war er so tief in die Geheimnisse der Natur eingedrungen, daß er die Spuren der Tiere auf der Erde und die Bahnen der Vögel im Himmel genau nachzuzeichnen vermochte.

Das war der Anfang der chinesischen Schrift.

Bis dahin hatten die Menschen ihre Blöße mit Kleidern aus Fellen und Gräsern gedeckt. Nun lehrte sie die Gemahlin des Gelben Kaisers, Le-Dsu, das Pflanzen von Maulbeerbäumen und die Zucht der Seidenraupen, die sich von den Blättern dieser Bäume nähren. Aus den Kokons der Seidenraupen wurden Seidenfäden gewonnen und mit diesen wunderbar weiche und leichte Seidenstoffe gewebt. Bis heute gedenkt das chinesische Volk in Dankbarkeit der Kaiserin Le-Dsu.

Daß der Gelbe Kaiser ein so guter und einsichtiger Herrscher sein konnte, hatte er nicht zuletzt einem recht unscheinbaren Gras, Tschü-I genannt, was Neigender Deuter heißt, zu

秋冷秋雨暗江
皋滿目閒愁
時獨酹掬取當
年汨羅水醉磨
夢墨畫離騷
大千居

verdanken. Wenn nämlich an diesem Gras, das im Vorgarten des Kaiserpalasts wuchs, jemand vorbeiging, der den Kaiser belügen oder ihm schmeicheln wollte, so neigte sich das Gras in der Richtung des Betreffenden. Dann wußte der Gelbe Kaiser, daß er diesem Menschen nicht trauen durfte. Ein gutes Gras, fürwahr, das uns allen viel Kummer ersparen würde, wüchse es auch in unseren Gärten!

Kaiser Yau

Wieder vergingen viele, viele Jahre, und ein guter und weiser Kaiser mit Namen Yau bestieg den Thron. Von ihm hieß es, daß er, wann immer er hörte, jemand hungere in seinem Reich, gesagt haben soll: Es ist meine Schuld, daß es noch Hungernde gibt. Er tat auch alles in seinen Kräften, um sein Volk zu nähren, zu kleiden und in jeder Weise glücklich zu machen. Leicht machte er sich das Leben nicht, der Kaiser Yau!

Damals soll es zehn Sonnen am Himmel gegeben haben, die alle Söhne des Himmelsherrn waren. Ihr Vater hatte ihnen aufgetragen, auf dem großen Baum Fu-Sang ihr Nest zu bauen. Auf den obersten Zweigen sollte immer nur eine Sonne sitzen. Am nächsten Tag sollte dann eine andere von ihrem Nest in den unteren Zweigen heraufkommen und ihren Bruder ablösen. So gab es anfangs auch immer nur eine Sonne am Himmel. Dann aber begannen die Sonnen das Gebot ihres Vaters nicht mehr so ernst zu nehmen. Sie hüpften den ganzen Tag lang übermütig hin und her auf den Zweigen, und oft balgten sich alle zehn hoch oben im Wipfel des Fu-Sang-Baums. Dann wurde die Hitze auf Erden unerträglich. Die Menschen fanden kein Wasser mehr, um ihren Durst zu stillen und ihre Äcker zu wässern. Die Halme verbrannten in der Glut. Bald gab es auch nichts mehr zu essen. Da schickte der Himmelsherr den großen Bogenschützen Hou-I auf die Erde herab. Er sollte die ungezogenen Sonnenkinder zurechtweisen und ihnen mit seinen Pfeilen drohen. Die Sonnenkinder aber schnitten nur Grimassen und lachten den Helden Hou-I aus. Da schoß er als Warnung eine der Sonnen herunter. Die übrigen neun aber tobten immer noch weiter im Gezweig des Sonnenbaums. Wieder drohte er ihnen, und als sie immer noch nicht auf ihn hören wollten, schoß er in seinem Zorn alle bis auf eine herunter. Zum Glück fiel ihm im letzten Augenblick noch der Himmelsherr in den Arm, sonst hätte er sicher auch die letzte Sonne heruntergeschossen, und dann wäre es finster geworden auf Erden, stockfinster, und nichts mehr hätte gedeihen können in einer Welt ohne Licht und Wärme!

Hou-I hatte also das Menschengeschlecht vor dem Tod in den Sonnengluten gerettet. Dafür waren ihm alle von Herzen dankbar und feierten ihn in Gesängen. Für sie war er ein Held ohnegleichen. Der Himmelsherr aber war ihm nicht so herzlich zugetan. Hatte er doch neun seiner Sonnenkinder getötet! Deshalb ließ er es zu, daß Ho-I's Gattin, Tschang-O, mit dem von ihrem Mann mit großen Mühen im Reich der Königlichen Mutter des Westens erworbenen Elixier des Ewigen Lebens heimlich auf den Mond flüchtete. Seither muß sie zur Strafe für ihre böse Tat in großer Einsamkeit im trostlosen Palast der Mondeskälte Jahr um Jahr ein trauriges Leben fristen. Hou-I verwand es nie, daß ihn seine Frau heimtückisch verlassen und ihn der Hoffnung auf Unsterblichkeit beraubt hatte.

Bald war für den gefeierten Helden alles auf Erden, auch Ruhm und Reichtum und nächtelange Gelage langweilig geworden. Nichts mehr freute ihn. Nur an der Jagd fand er noch

Vergnügen. Seinen Gefolgsleuten und Knechten gegenüber verhielt er sich launisch, ungerecht und unwirsch, so daß sie ihn bald nicht mehr leiden mochten. Diejenigen, die er grundlos beleidigt oder gar geprügelt hatte, verschworen sich insgeheim gegen ihn. Eines Tages lauerten sie ihm auf, als er gerade in der Hitze der Jagd dahingaloppierte, und erschlugen ihn hinterrücks. So geschah es, daß ein Held, der viel Gutes für das Volk getan, dann aber launisch und böse geworden war, trotz aller seiner Vorzüge dennoch ein schlimmes Ende nahm.

Nicht genug mit der furchtbaren Hitze, die alle und alles zu versengen drohte, hatten Kaiser Yau und sein Volk alsbald auch noch mit einer verheerenden Sintflut zu kämpfen. Die Gewässer stiegen so hoch an, daß sie alles Land überschwemmten. Der Kaiser und sein Volk mußten bereits Zuflucht auf den Gipfeln der Berge suchen. Selbst dort waren sie nicht mehr sicher. Schließlich berief der Kaiser seine weisesten Ratgeber zusammen und fragte sie, ob sie einen geeigneten Mann wüßten, der dieses Unheil abwenden könnte. Nur Gun vermöchte hier noch zu helfen, sagten die weisen Männer. Der Kaiser hegte zwar Zweifel an den Fähigkeiten des Gun, willigte dann aber doch ein. Gun mühte sich redlich, der Fluten Herr zu werden, verstand aber nicht das Wesen der Gewässer. Statt ihnen einen freien Abfluß zum Meer zu bahnen, versuchte er sie zu zügeln und einzudämmen. So stiegen sie nur noch höher an und wurden allmählich zu einer ebenso großen Gefahr für alles Leben auf Erden, wie es vorher die Gluthitze der zehn Sonnen gewesen war.

Glücklicherweise fand Kaiser Yau dann schließlich doch den rechten Mann für diese unendlich schwere Aufgabe. Er hieß Yü und soll der Sohn des Gun gewesen sein. Yü war ein überaus fleißiger Mensch. Dreimal führte ihn während der langen Jahre unermüdlicher Arbeit an seinem großen Werk der Zufall an seiner Hütte vorbei, und kein einziges Mal gestattete

er sich, einzutreten und seine Familie zu besuchen, Frau und Kinder in seine Arme zu schließen. So sehr ging er auf in seinem Werk, das dem Wohl aller, dem Wohl des Volkes und aller Wesen diente. Acht Jahre brach er mit seinen Leuten Durchgänge in das Erdreich und Felsgestein, um die Ströme abzuleiten. Dabei half ihm ein Zauberdrache, der immer genau wußte, wo der Durchbruch am günstigsten zu machen sei. Hatte er die geeignete Stelle erreicht, wedelte er mit dem Schwanz, und schon machte sich Yü mit seinen Leuten daran, die Erde abzugraben und die den Wasserlauf hemmenden Felsen zu durchbrechen.

Nun gibt es aber auch noch eine andere Geschichte über Yü und Gun, derzufolge Gun ein sehr aufopferungsvoller und liebenswerter Mann gewesen sein soll. Als er nämlich das Elend der Menschen sah, so sagen manche, soll er das vom Himmelsherrn streng gehütete Wundermittel Hsi-Rang – Selbstwachsende Erde – heimlich entwendet haben. Mit diesem Wundermittel gelang es ihm, die Fluten zum Stillstand zu bringen und sie schließlich auch in die richtigen Bahnen zu lenken. Denn wo immer er ein wenig von der Wundererde hinstreute, wuchs sie, vermehrte sich von selbst und baute sich zu Wällen gegen die anstürmenden Wassermassen auf. Doch als dann der Himmelsherr von Gun's Diebstahl erfuhr, sandte er sogleich den Feuergott Dschu-Yung herab, der Gun gefangen nahm und auf dem Federberg erschlug. Nun hatte Gun aber nicht mit böser Absicht das himmlische Wundermittel entwendet, sondern einzig und allein aus Liebe zu den Menschen, aus dem Befürfnis heraus, ihnen in ihrer Not beistehen zu können. Die ungerechte Strafe schmerzte ihn so tief, daß sein Körper wunderbarerweise nicht verweste. Er wollte selbst als Toter noch etwas für die Menschen tun. So wuchs in seinem Leib ein Sohn heran, der nach drei Jahren dem Bauch seines Vaters entstieg – ein Sohn, der alsbald von sich reden machte, da er das von seinem Vater angefangene Werk übernahm und zum Heil der Menschen erfolgreich zu Ende führte. Das war Yü, genannt der Große, der Erretter der Menschheit vor der allesverschlingenden Sintflut. So erwies sich wieder einmal, daß Mitleid und Liebe gewaltige Mächte sind, die selbst den Tod besiegen und weit über den Tod hinauswirken können.

Kaiser Schun

Als Kaiser Yau alt und hinfällig geworden war, machte er sich Sorgen, wer nach ihm regieren sollte. Sein Sohn Dan-Dsu war ein schwacher und streitsüchtiger Mensch, der ihm höchst ungeeignet für ein so verantwortungsvolles Amt wie das des Herrschers schien. Da hörte er von einem Mann namens Schun, der trotz böser Anfeindungen selbst von der eigenen Familie immer gut zu allen war und die Liebe und das Vertrauen seiner Nachbarn genoß. Kaiser Yau ließ Schun zu sich kommen und übertrug ihm so manche schwierige Aufgabe, um ihn zu prüfen. Bald hatte er herausgefunden, daß Schun tatsächlich ein so gütiger und tüchtiger Mann war, wie man ihm berichtet hatte. Darauf gab er ihm seine beiden Töchter als Ehefrauen und ernannte ihn zu seinem Mitregenten und Nachfolger auf dem Thron.

Kaiser Yau war hundert Jahre alt, als er starb.

Schun erwies sich der in ihn gesetzten Hoffnungen als durchaus würdig. Er richtete überall im Lande Schulen ein, kümmerte sich liebevoll um das Wohl der Alten und sorgte für Gerechtigkeit und Anstand bei seinen Landeskindern. Er hatte ein feines Ohr nicht nur für die Bedürfnisse des Volkes, sondern auch für den Wohlklang der Sprache und der Musik. Die fünfsaitige Laute, so sagt man, soll er zuerst gebaut haben. Die Worte eines Lieds, das er schrieb, sind bis heute erhalten geblieben:

Der sanfte Duft des Südwinds, o,
besänftigt meines Volkes Groll.
Und bläst er nur zur rechten Zeit,
sind bald des Volkes Speicher voll.

Auch Kaiser Schun machte sich große Sorgen, einen geeigneten Nachfolger für den Thron zu finden. Sein Sohn Schang-Dschün schien ihm nicht der rechte Mann zu sein. So lag es nahe, daß er Yü, den von allen geliebten und verehrten Retter vor der großen Sintflut als seinen Nachfolger vorschlug. Yü weigerte sich zwar, das hohe Amt anzunehmen; doch nichts half. Kaiser Schun und mit ihm alle anderen Würdenträger des Reiches, ja, das gesamte Volk beharrten auf der Wahl Yü's zum Thronfolger.

Kaiser Yü

Kaiser Schun's Wahl erwies sich als richtig. Kaiser Yü zeigte alsbald, daß er das Volk nicht nur von den Naturgewalten zu schützen wußte, sondern daß er auch in Friedenszeiten ein hochherziger Herrscher war, dem das Wohl und Weh seines Volkes aufrichtig am Herzen lag. Für alle Menschen im Reich stand der Palast offen. Im Hof vor dem Palasttor hingen eine Pauke, eine Glocke, eine Klapper, ein Klangstein und eine Handtrommel. Wollte jemand dem Kaiser einen guten Rat erteilen, brauchte er nur die Pauke zu schlagen. Wer ihn zu einer rechtschaffenen Tat ermutigen wollte, sollte die Glocke läuten. Für wichtige Nachrichten stand die Klapper, für traurige Botschaften der Klangstein zur Verfügung. Und wer sich übervorteilt oder benachteiligt fühlte, brauchte nur die Trommel zu schlagen, dann konnte er gewiß sein, daß Kaiser Yü ihm Gerechtigkeit widerfahren lassen werde.

Ein gewisser I-Di braute damals ein bisher noch unbekanntes Getränk, nämlich Schnaps, von dem er Kaiser Yü zu kosten gab. Das süße und scharfe Getränk mundete dem Kaiser. Doch sogleich stellte er den Becher wieder hin. »In späteren Zeiten«, sagte er, »wird sich so mancher daran berauschen und sein Land zugrunde richten.« Und nie wieder trank er auch nur einen Schluck davon. Auch Yü wollte die Kaiserwürde dem Tüchtigsten überlassen. Doch das Volk liebte und verehrte ihn so sehr, daß es, nachdem Yü im Alter von über hundert Jahren gestorben war, seinen Sohn Tschi auf den Thron hob.

Von nun an wurde die Thronfolge erblich, was wahrlich nicht immer dem Reich zum Besten und dem Volk zum Segen gereichte.

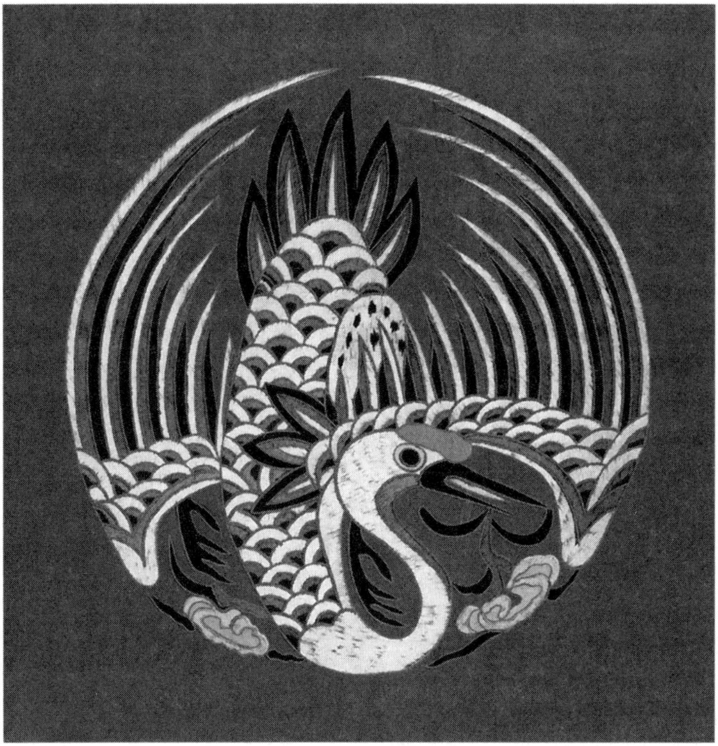

Volksmärchen

nacherzählt
von Amina Agischewa

Die Bräute im Spiegel

In einem fernen Land lag eine unendlich weite Steppe. Sie war so groß, daß selbst ein vortrefflicher Reiter nicht imstande war, sie in zehn Tagen zu durchqueren. Über ihr erstreckte sich in endloser Weite der Himmel. Nur im Südwesten sah man im Dunst der Ferne die Umrisse von Bergen.

Über die weite Steppe verstreut gab es hier und dort größere und kleinere Dörfer. In einem dieser Dörfer lebte eine Frau mit ihren beiden Söhnen. Sie waren kluge und tapfere Burschen. Der größte Wunsch der Mutter war, ihre Söhne glücklich verheiratet zu sehen. Auch sehnte sie sich nach Enkelkindern, die ihr in ihren alten Tagen Freude bringen sollten. Den beiden Brüdern aber war kein Mädchen recht. Alle Bemühungen der Heiratsvermittlerin blieben erfolglos. Oft lag die Mutter nachts schlaflos im Bett und überlegte, wie sie passende Bräute für ihre Söhne finden könnte, aber sie wußte sich keinen Rat.

Eines Nachts, als sie wieder keinen Schlaf fand, stand sie auf und öffnete die Tür zum Hof. Es war still und dunkel. Nur hoch am Himmel glänzten die Sterne.

»Meine lieben Söhne, wenn ich nur wüßte, was für Mädchen eure Herzen begehren!« sprach sie klagend zu den Sternen.

»Bisher waren alle meine Bemühungen vergebens, denn keine war gut genug für euch!« Und ein Seufzer entrang sich ihrer Brust.

Plötzlich sah sie im Dunkel der Nacht, wie eine glühende Kugel aus der Erde emporstieg und auf sie zurollte. Geblendet vom grellen Licht, schloß sie die Augen und als sie sie wieder öffnete, war die feurige Kugel schon ganz nahe an sie herangerollt.

Von hellem Strahlenglanz umleuchtet, stand ein weißbärtiger Greis vor ihr, der sich auf einen Stock stützte, dessen Knauf die Form eines Drachenkopfs hatte.

»Ich habe deine Klage gehört und bin gekommen, um dir zu verkünden, daß ich zwei wunderschöne Mädchen kenne, die deinen Söhnen sicherlich gefallen werden!« sagte er freundlich.

»Ach, guter Geist, ich fürchte, du hast dich umsonst bemüht!« erwiderte die Mutter mit einem traurigen Blick. »Es gibt in unserer Gegend wohl kaum Jungfrauen, die meinen Söhnen gefallen könnten. Dennoch sag mir bitte, wo diese Mädchen zu finden sind. Auch die Heiratsvermittlerin würde ich gern kennenlernen!«

»Eine Heiratsvermittlerin?« Der Greis lachte. »Nein, die brauchst du nicht, um deine Söhne mit diesen Bräuten zu verheiraten. Auch die roten Verlobungskarten und die Brautsänfte kannst du dir ersparen. Schau, in diesen Spiegeln werden deine Söhne ihre Bräute zu sehen bekommen. Am dritten Tag des dritten Monats um Mitternacht sollen sie die Spiegel nach Südwesten halten, und dann werden sie darin den Weg erblikken, der sie zu ihren Bräuten führt.«

Nach diesen Worten übergab er der Frau zwei runde Spiegel, erhob sich vor ihrem staunenden Blick in die Lüfte und schwebte zum Himmel empor, bis er in einer Wolke entschwand.

Die Frau schloß die Tür, eilte in das Zimmer ihrer Söhne, weckte sie auf und übergab ihnen die Spiegel. Nichts ahnend schaute der Ältere hinein und erblickte darin ein wunderschönes Mädchen in einem roten Kleid. In der Hand hielt sie eine rote Päonie. Sie lächelte ihm freundlich zu und senkte sogleich schüchtern den Kopf.

»Mutter, hast du gesehen, wie sie mich angelächelt hat!« rief er aufgeregt. »Dieses Mädchen möchte ich heiraten und keine andere! Gestattest du es mir?«

Dem jüngeren Sohn erschien ebenfalls ein Mädchen im Spiegel. Es trug aber ein grünes Kleid und hielt eine grüne Päonie in der Hand. Es sah den Jüngling zärtlich an und senkte dann verschämt den Blick auf die Blume.

»Mutter, hast du bemerkt, wie liebevoll das Mädchen mich ansah?« rief er entzückt. »Oh, das ist das schönste Mädchen, das ich je gesehen habe! Erlaubst du mir, sie zur Frau zu nehmen?«

Vor Freude über die Begeisterung ihrer Söhne kamen der Mutter fast die Tränen. Da sie aber das Geheimnis der Wunderspiegel noch nicht verraten wollte, sagte sie nur:

»Ach, meine lieben Kinder! Seid ihr denn ganz von Sinnen? Man kann doch keine Mädchen heiraten, die einem nur im Spiegel erscheinen!«

Schon nach ein paar Tagen fiel aber der Mutter auf, wie niedergeschlagen die beiden Brüder herumgingen. Lustlos verrichteten sie ihre Arbeit, und am Abend bei Tisch sprachen sie kaum noch ein Wort. Schließlich hielt sie es nicht länger aus und erzählte ihnen, was in jener Nacht auf dem Hof geschehen war und von wem sie die runden Spiegel erhalten hatte.

So nahte der dritte Tag des dritten Monats, an dem die Jünglinge in ihren Spiegeln den Weg zu ihren Bräuten erblicken sollten.

»Kinder«, sagte die Mutter mit beklommenem Herzen. »Es ist unmöglich, daß ihr beide gleichzeitig fortgeht. Schließlich führt euch der Weg ins Ungewisse. Wer weiß, was euch unterwegs alles zustoßen kann!«

Da schlug der ältere Bruder dem jüngeren vor, sich als erster auf den Weg zu machen. Die Mutter pflichtete ihm bei.

»Lau Er«, sagte sie zu ihrem jüngeren Sohn, »dein Bruder ist einige Jahre älter als du. Meinst du nicht auch, wir sollten ihn als ersten gehen lassen?«

Genau zur Mitternachtsstunde nahm Lau Da, der ältere Bruder, seinen Spiegel, trat auf den Hof und wendete ihn nach Südwesten. Augenblicklich brach aus dem Spiegel ein heller Strahl. Die sonst kaum sichtbaren Berge am fernen Steppenrand wirkten jetzt nahe. Der Strahl im Spiegel zeigte deutlich den Weg, den Lau Da zu gehen hatte. In aller Hast verabschiedete er sich von Mutter und Bruder und brach auf.

Er wanderte die Nacht hindurch. Im Morgengrauen erreichte er einen hohen Berg. Als er ihn erklomm, bemerkte er auf einem Felsenvorsprung eine Höhle, aus der Licht schimmerte. Er ging hinein und kam zu einem halbkreisförmigen Raum. In der Mitte saß, von hellem Licht umstrahlt, ein Greis mit untergeschlagenen Beinen. Lau Da erinnerte sich an die Worte der Mutter und erkannte, daß dieser Mann der gute Greis sein mußte, der ihr im Hof erschienen war und die runden Spiegel gegeben hatte. Lau Da trat näher, verbeugte sich ehrerbietig und sprach:

»Guter Geist, ich war die ganze Nacht unterwegs und bin nun am Ende des Weges angelangt, den mir der Spiegel gezeigt hat. Kannst du mir jetzt sagen, wie ich weitergehen muß, um zu meiner Braut zu gelangen?«

»Du bist ein tapferer Junge!« lobte der Alte. »Das Mädchen, das du suchst, lebt westlich von hier im Gebirge. Um zu ihr zu gelangen, mußt du den Tigerberg bezwingen und einen reißenden Strom durchqueren, der voll von Ungeheuern ist. Das Mädchen wurde von einer Hexe in eine Päonie verwandelt. Wenn du sämtliche Hindernisse unterwegs überwunden hast, wirst du das Hexenhaus erreichen. Es hat ein gelbes Strohdach und grüne Fenster mit Tigerköpfen darüber. Hinter dem Haus ist ein großer Garten. Dort mußt du die rote Päonie suchen. Wenn du sie gefunden hast, richte deinen Spiegel geradewegs auf sie, dann wird sie augenblicklich die Gestalt eines jungen Mädchens annehmen. Der Weg dorthin ist jedoch voll von Gefahren, mein Freund! Entscheide dich, ob du wirklich Manns genug bist, ihnen zu trotzen!«

»Soll ich etwa jetzt feige umkehren? Nein, ich möchte weiter!« rief Lau Da entschlossen.

»Na schön!« erwiderte der Greis. »Wenn du so kühn bist, bin ich gern bereit, dir zu helfen!« Er gab Lau Da eine Peitsche und ein Knäuel Garn und erkärte ihm, was für eine Bewandtnis es mit diesen beiden Dingen habe.

»Merk dir gut, mein Junge!« sagte er warnend. »Sollte dich, wenn du unterwegs bist und in Gefahr gerätst, große Furcht befallen, dann büßen die Peitsche und das Garn ihre Wunderkraft ein, und du bist verloren!« Anschließend beschrieb er ihm genau den Weg, den er gehen sollte.

Lau Da wanderte frischen Mutes weiter, bis er zu einem hohen Berg kam, den er mit viel Mühe erkletterte. Auf dem Gipfel angelangt, erblickte er im Westen einen anderen Berg, der von wallendem Nebel umhüllt war. Er gönnte sich nur eine kurze Rast, dann stieg er hinab und begann jenen nebelumhüllten Berg zu ersteigen. Plötzlich sprangen zwei riesengroße Tiger hinter einem Felsen hervor und versperrten ihm den Weg.

Da ließ Lau Da seine Peitsche durch die Luft sausen und rief: »Ihr mächtigen Tiger, Könige der Berge und Wälder! Ich wandre durch die Welt und suche meine Braut! Gebt mir den Weg frei!«

Gehorsam senkten die Tiger den Kopf und liefen davon. Als er den Berg hinuntergestiegen war, stieß er auf einen mächtigen Strom, der seinen Weg hemmte. Er trat ans Ufer, riß ein Stück vom Garn ab und warf es in die Fluten. Da schäumte das blaugrüne Wasser auf, und aus der Tiefe tauchten plötzlich riesige Ungeheuer mit Fischschwänzen und Menschenköpfen; ihr Leib war von Schildkrötenpanzern geschützt.

»Ihr Wasserungeheuer, ich wandre durch die Welt und suche meine Braut! Baut mir geschwind eine Brücke!« schrie Lau Da ungestüm.

Folgsam zogen die Ungeheuer das Garn ans gegenüberliegende Ufer, und sogleich verwandelte es sich in eine schmale Brücke. Als er, die Peitsche schwingend, die Mitte der Brücke erreicht hatte, blickte er unwillkürlich aufs Wasser hinab. Schreckerstarrt sah er, wie die grauenhaften Untiere sich drohend näher an ihn herandrängten. Da begann er am ganzen Leib zu zittern, und es wurde ihm schwindlig vor Augen. Im nächsten Augenblick verschwand die Brücke unter seinen Füßen; er fiel ins Wasser und wurde von den Ungeheuern weggeschleppt.

Als fast ein Jahr verstrichen und Lau Da immer noch nicht heimgekehrt war, machte sich die Mutter zwar große Sorgen um ihren Ältesten, gab aber die Hoffnung nicht auf, ihn doch noch früher oder später mit seiner Braut daheim begrüßen zu können.

Wieder nahte der dritte Tag des dritten Monats.

»Mutter, mein Bruder ist fast ein Jahr fort!« sagte eines Tages Lau Er, der jüngere Bruder. »Jetzt bin ich an der Reihe. Ich möchte ja auch meine Braut holen!«

»Mein Sohn, wie kannst du nur ans Fortgehen denken, wo doch dein Bruder noch nicht wieder da ist!« warf die Mutter betrübt ein.

»Mach dir nur keine Sorgen meinetwegen, Mutter!« entgegnete Lau Er. »Einmal muß ich doch fort! Ich werde nie zur Ruhe kommen, ehe ich meine Braut gefunden habe!«

»Wenn du unbedingt deinen Willen durchsetzen mußt, kann ich dich nicht hindern«, sagte die Mutter seufzend. »Versprich mir nur, vorsichtig zu sein und dein Leben keinesfalls leichtsinnig aufs Spiel zu setzen! Hauptsache, du kommst wieder heim, gleichgültig ob mit oder ohne Braut. Vielleicht gelingt es dir, unterwegs etwas über das Schicksal deines Bruders zu erfahren!«

Auch Lau Er wanderte die ganze Nacht hindurch. In der Morgendämmerung erreichte er die Höhle des Greises, der auch ihn freundlich empfing. Nachdem er ihn über alle Gefahren, die ihn unterwegs erwarten würden, unterrichtet hatte, übergab er ihm, wie vorher seinem Bruder, eine Peitsche und ein Knäuel Garn. Als Lau Er aufbrechen wollte, hielt ihn der Greis noch einen Augenblick zurück.

»Genau vor einem Jahr kam dein Bruder hier vorbei!« sagte er.

»Er stürzte in den Strom und wurde von den Ungeheuern weggeschleppt, weil er meine Ratschläge nicht beherzigt hatte. Wenn du glaubst, daß auch dich die Furcht überkommen könnte, kehre lieber gleich um.«

Erschüttert vom Geschick seines Bruders, sagte Lau Er schluchzend:

»Was mich auch erwarten mag, ich kehre nicht zurück, bevor ich meinen Bruder von den Ungeheuern befreit und meine Braut gefunden habe!«

Unterwegs begegneten Lau Er ebenfalls zwei Tiger, die er mit der Peitsche fügsam machte, und nachdem er die beiden Berge überquert hatte, kam auch er zu dem Strom, wo die furchterregenden Untiere hausten. Er riß ein Stück vom Garn ab und warf es ins Wasser. Wieder schäumte der Strom auf, und die Ungeheuer tauchten aus den Fluten und starrten ihn drohend an.

»Ihr Ungeheuer!« schrie er laut. »Ich wandre durch die Welt und suche meine Braut! Baut mir geschwind eine Brücke!«

Seinem Befehl folgend, zogen sie das Garn zum anderen Ufer hinüber, und wieder verwandelte es sich in eine schmale Brücke. Die Peitsche schwingend und den Blick geradeaus nach vorn gerichtet, rannte Lau Er, so schnell er nur konnte, ans andere Ufer. Danach bezwang er noch zwei Berge und erblickte schließlich das Hexenhaus mit dem gelben Strohdach und den grünen Fenstern mit Tigerköpfen darüber. Dahinter befand sich ein großer Garten, von einem hohen Zaun umgeben. Lau Er ging um das Hexenhaus herum zum hinteren Teil des Gartens, wo er genau nach der Anweisung des alten Mannes die Peitsche gegen den Zaun stützte. Sie verwandelte sich augenblicklich in eine Strickleiter, so daß er in den Garten klettern konnte. Dort entdeckte er endlich die beiden heißersehnten Päonien – eine rote und eine grüne. Er richtete seinen Spiegel auf die grüne Päonie und sprach:

»Bist du's, Grüne Schwester?«

Kaum hatte er die Worte ausgesprochen, da stand vor ihm das wunderschöne Mädchen, das er im Spiegel gesehen hatte.

»Grüne Schwester, ich habe dich lange gesucht. Nun bin ich hier. Willst du meine Frau werden?« sagte Lau Er überglücklich.

Die Jungfrau maß ihn mit einem prüfenden Blick, dann nickte sie errötend. Als aber ihr Blick auf die rote Päonie fiel, überzog ein düsterer Schatten ihr Gesicht, und Tränen liefen ihr über die lieblichen Wangen.

»Wie soll ich unbekümmert mit dir fortgehen und die Rote Schwester allein lassen!« sagte sie, die rote Päonie streichelnd. »Selbst wenn es uns gelingen sollte, die Hexe zu überlisten und davonzulaufen, hätte ich mein Leben lang Gewissensbisse, und nie könnte ich mit dir glücklich sein!«

Auch Lau Er war dabei nicht recht wohl, denn die Rote Schwester war die Braut seines Bruders, der auf dem Wege zu ihr von den Wasserungeheuern verschleppt worden war. Wie sollte er sie aber ohne den Spiegel seines Bruders vom Zauber der Hexe befreien? Da hörte er die Grüne Schwester sagen:

»Komm, gehen wir ins Haus, die Hexe ist gekommen!«

Kaum waren sie drinnen, erschien die Hexe auf dem Hof. Sie war zwar in feinste Seiden gekleidet und mit kostbaren Jadegehängen geschmückt, sah aber mit dem runzligen Gesicht, dem zahnlosen Mund und dem Zottelhaar ganz scheußlich aus. Mit einem Fußtritt stieß sie die Tür auf und kreischte:

»Grüne Schwester, du lumpiges Geschöpf! Ich soll euch wohl den Garaus machen! Wie kannst du es wagen, einen Fremden in mein Haus zu lassen!«

Sie schüttelte ihren Rock; da heulte der Wind auf und pfiff übers Dach, ein Blitzstrahl fuhr hernieder, und das Haus erbebte unter einem heftigen Donnerschlag. Aber alle ihre Zauberkünste nützten ihr nichts. Denn solange Lau Er den Spiegel besaß, hatte sie nicht die Macht, die Grüne Schwester wieder in eine Päonie zurückzuverwandeln. Als sie merkte, daß ihre Zauberkräfte versagten, änderte sie ihr Verhalten und lispelte mit honigsüßer Stimme:

»Ach, mein Töchterchen, du weißt, wie viele Maultiere, Pferde, Rinder und Schafe wir besitzen. Ich hörte, daß sich Diebe in der Gegend umhertreiben. Könnte dieser freundliche Jüngling nicht eine Nacht meine Herde bewachen? Dann dürft ihr gleich morgen in der Früh schon fortgehen!« Nach diesen Worten ließ sie das junge Paar allein.

»Die Hexe will dich nur umbringen. Sie besitzt ja gar keine Herden!« flüsterte die Grüne Schwester. »In der Nacht wird sie Raubtiere herbeirufen, die über dich herfallen und dich zerfleischen sollen.«

»Solange ich die Peitsche bei mir habe, wird sich kein Ungeheuer an mich heranwagen!« erwiderte Lau Er.

Am späten Abend führte die Hexe Lau Er zu einem Berghang hinter dem Haus und ließ ihn dort allein. Nirgends waren Maultiere, Pferde oder gar Rinder und Schafe zu sehen. Um Mitternacht jedoch schlichen von allen Seiten Wölfe, Leoparden und andere reißende Tiere heran und richteten ihre feurigen Augen auf ihn. Keines aber wagte sich in seine Nähe. Darauf suchte sich Lau Er eine bequeme Stelle, legte sich hin und schlief fest ein, bis ihn am Morgen die Sonnenstrahlen weckten.

Als die Hexe ihn am nächsten Tag gesund und munter wiederkommen sah, konnte sie nur mit Mühe ihre Wut verbergen. Sogleich ersann sie einen anderen schändlichen Plan.

»Grüne Schwester, mein liebes Kind!« jammerte sie mit tränenüberströmtem Gesicht. »Ich habe dich so liebgewonnen! Wenn du mich verläßt, werde ich vor Sehnsucht nach dir sterben! Wohin du auch gehst, ich begleite dich!«

Die Grüne Schwester war ein kluges Kind und durchschaute sofort die Absicht der Hexe, sie und Lau Er bei nächster Gelegenheit unterwegs umzubringen.

»Gutes Mütterchen!« sagte sie sanft. »Wenn du unbedingt mitkommen möchtest, wir haben nichts dagegen. Nur, fürchte ich, der lange Weg wird dich sehr ermüden. Nimm eine kleinere Gestalt an und steig in diese Kupferflasche. So kann ich dich unterwegs auf dem Rücken tragen, und du könntest es dir darin nach Belieben bequem machen.«

Die Hexe, die vor Rachsucht nur daran dachte, die beiden hinterrücks zu ermorden, bemerkte nicht, daß die Grüne Schwester sie in eine Falle lockte. Sie schrumpfte auf die Größe einer Maus zusammen und sprang in die Kupferflasche hinein. Da hielt die Grüne Schwester rasch die Flasche mit der Hand zu, ließ Lau Er einen Pfropfen holen und sperrte die Hexe in der Flasche ein. Die jungen Leute eilten zum Fluß mit den Ungeheuern. Dort warfen sie die Flasche mit der Hexe in die brodelnde Flut. Lau Er atmete erleichtert auf. Die Grüne Schwester aber setzte sich weinend ans Ufer.

»Gemeine Hexe!« rief sie. »Du hast uns beiden Schwestern soviel Leid angetan. In schöne Blumen hast du uns verwandelt, damit du dich an ihnen ergötzen konntest! Ach, Rote Schwester, wann werde ich dich wohl wiedersehen!«

Die Grüne Schwester weinte so untröstlich und herzzerreißend, daß die ganze Welt mit ihr trauerte. Aus den Wolken fiel ein Tränenregen, und die Kiefern weinten Tau. Da erinnerte sich Lau Er wieder an seinen Bruder, und auch er brach in laute Klagen aus.

Auf einmal begann das trübe Wasser zu glänzen, und die dunklen Wolken zerteilten sich. Von hellem Strahlenglanz umgeben, stieg der gute Geist vom Himmel herab, schwenkte seinen Stock und rief:

»He, ihr Wasserungeheuer! Bringt mir sofort den Menschen her, den ihr gefangenhaltet!«

Gehorsam erschienen die Wasserungeheuer mit den Fischschwänzen und Menschenköpfen und trugen Lau Da zum Ufer. Der Greis half ihm behutsam auf die Beine.

»Träume ich?« rief Lau Da, sich die Augen reibend, als er seinen Bruder vor sich stehen sah. Überglücklich fiel er ihm um den Hals.

Als die jungen Leute sich bei dem guten Geist bedanken wollten, war er nirgends mehr zu sehen. Sie eilten zum Blumengarten. Dort richtete Lau Da seinen Spiegel auf die rote Päonie und rief:

»Rote Schwester, ich bin gekommen, um dich zu holen!«

Und sogleich verwandelte sich die rote Päonie in das Mädchen im roten Gewand, das Lau Da im Spiegel gesehen hatte. Außer sich vor Freude umarmten sich die Schwestern und verließen mit den beiden Brüdern den Garten.

In ihr Dorf zurückgekehrt, feierten die zwei Paare fröhlich Hochzeit und lebten fortan in Eintracht und Liebe miteinander. Und so war der Wunsch der Mutter in Erfüllung gegangen.

Das seltsame Gemälde

Vor vielen, vielen Jahren, als ein mächtiger Kaiser das Reich regierte, an dessen Namen ich mich leider nicht mehr erinnern kann, lebte in einem entlegenen Dorf ein kluger, starker und schöner Jüngling namens Dschou-dze mit seiner Mutter in einer kleinen Hütte. Und obwohl er bereits sein einundzwanzigstes Lebensjahr erreicht hatte, war er noch nicht verheiratet. Niemals aber klagte er über sein einsames Leben, auch dann nicht, wenn ihn bisweilen traurige Gedanken befielen.

Eines Tages sagte seine Mutter zu ihm:

»Ach, Söhnchen! Trotz unserer Armut haben uns die kaiserlichen Beamten in diesem Herbst schon wieder den kläglichen Ertrag weggenommen, den uns unser kleines Stück Land gebracht hat. Welches Mädchen sollte dich denn auch heiraten wollen, wenn wir nicht einmal imstande sind, uns selbst zu versorgen.«

So vergingen etwa drei Monate. Das neue Jahr nahte heran.

»Wie schön wäre es, wenn wir zu den Festtagen gefüllte Klöße hätten«, dachte die alte Frau. »Wir essen doch sonst täglich nichts anderes als Kleie und bittere Kräuter«. Und schon verbreitete sich in ihrer Einbildung der Duft der wohlschmekkenden Speise. Leider hatte sie aber kein Weizenmehl, um die Klöße zubereiten zu können. Wo sollte auch das Weizenmehl bei so armen Leuten herkommen?

»Gut, daß wir noch ein bißchen Gau-Ljang-Mehl zu Hause haben. Aber aus Gau-Ljang-Mehl allein gemacht, schmecken die Klöße nicht. Als Füllung müßte man schon etwas Gemüse auf dem Markt kaufen.«

Doch die Zeiten waren schlecht. Alles, auch das Gemüse, war teuer. »Na ja! Man könnte die Klöße zur Not auch mit Rettich füllen.« Sie holte aus ihrem alten Beutelchen ihre letzten zehn Münzen heraus und bat ihren Sohn, auf dem Markt ein paar Rettiche zu kaufen. Der Jüngling nahm das Geld und machte sich auf den Weg. Auf dem Markt angelangt, sah er bei den Gemüseständen einen alten Mann, der Bilder verkaufte. Auf einem der Bilder war eine feenhaft schöne Frau abgebildet. Entzückt über ihre Schönheit, betrachtete er voll Bewunderung die Frau auf dem Bild und konnte seinen Blick von ihrem reizenden Antlitz nicht wegwenden. Ohne Zögern gab er dem alten Mann all das Geld, das er hatte, nahm das Bild unter den Arm und ging nach Hause.

Als seine Mutter anstatt des Rettichs ein Bild sah, machte sie ihrem Sohn zwar keine Vorwürfe, aber nur mit Mühe verbarg sie ihre Enttäuschung.

Nun wird's doch nichts aus der festlichen Mahlzeit! dachte sie im stillen.

Dschou-dze brachte das Bild in sein Kämmerchen, hängte es an einen Nagel in der Wand und ging wieder fort, um sich Arbeit zu suchen. Erst am späten Abend kehrte er heim. Als er in seinem Zimmer die Kerze angezündet hatte, hörte er plötzlich ein Rascheln.

Was kann das sein? Vielleicht der Wind? dachte er.

Er hob den Kopf, und sein Blick fiel unwillkürlich auf das Bild an der Wand, das hin und her zu schwanken schien.

Es war wie ein Wunder! Die Schöne nahm mit einemmal Gestalt an, trat aus dem Bild heraus und setzte sich neben Dschou-dze nieder. Er war ganz verstört von dem ungewöhnlichen Ereignis, und er konnte seinem Glück nicht trauen, als die Fee mit ihm ungezwungen zu plaudern anfing. Sie erzählten sich gegenseitig lustige Geschichten, scherzten miteinander und bemerkten nicht, wie die Nacht vorüberging und die Dämmerung anbrach. Mit dem ersten Hahnenschrei verließ ihn die Fee und trat wieder in das Gemälde zurück.

Dschou-dze, noch ganz wirr im Kopf von dem, was in der Nacht geschehen war, stellte sich immer aufs neue die Frage, ob es nur ein wunderschöner Traum oder Wirklichkeit gewesen sei und ob die Fee ihn auch wieder besuchen würde. Jeden Abend wartete er auf sie, und sobald es dunkel wurde, trat die Schöne aus dem Bild heraus und blieb bis zum Morgengrauen bei ihm. So trafen sie sich heimlich drei Monate lang, bis eines Abends die Schöne Dschou-dze traurig anblickte und sagte:

»Ich habe dich liebgewonnen, darum ist es mir unerträglich, zuzusehen, wie du dich tagtäglich abrackerst und trotzdem in Armut lebst. Ich hätte dir zu gern geholfen, dennoch fürchte ich, dich und deine Mutter mit meinen guten Absichten ins Unglück zu stürzen.«

»Wenn ich daran denke, daß ich dich am Abend wieder sehen werde, wird's mir ganz warm ums Herz, daher fürchte ich mich weder vor Hunger noch vor Armut«, antwortete Dschou-dze.

Die Schöne unterbrach ihn:

»Ist es denn gerecht, daß du in solch bitterer Armut leben mußt? Hier, nimm diese zwanzig Münzen. Geh morgen zum Markt. Kauf ein paar Knäuel Seidenfaden, paß aber gut auf, daß niemand über meine Anwesenheit bei dir erfährt.«

Der Auftrag wurde prompt von Dschou-dze ausgeführt.

Als die Schöne am Abend wieder aus dem Bild heraustrat, sagte sie zu Dschou-dze:

»Geh du jetzt schlafen. Ich habe noch eine Sache zu Ende zu führen.«

Als Dschou-dze am nächsten Morgen erwachte, mußte er geblendet gleich wieder die Augen schließen, denn das ganze Zimmer glänzte von Seide und Brokat. Entzückt bewunderte er die herrlichen Stoffe in seinem Zimmer. Natürlich konnte ihm nicht geheim bleiben, wer diese Wundertat vollbracht hatte. Er sprang aus dem Bett und lief zu seiner Mutter. Als die Mutter in das Zimmer ihres Sohnes eintreten wollte, blieb sie sprachlos auf der Schwelle stehen.

Nun erzählte Dschou-dze seiner Mutter, wie sich jeden Abend die schöne Frau auf dem Bild in eine Fee verwandelte, wie sehr sie sich liebten, wie er von der Fee zwanzig Geldstücke bekommen hatte, um auf dem Markt Seidenfaden zu kaufen, wie er gestern abend zu Bett gegangen war und am Morgen sein Zimmer voller Seidenstoffe fand. Obzwar die alte Frau in ihrem Leben noch nie soviel Seide gesehen hatte und darüber sehr erfreut war, befiel sie eine merkwürdige Unruhe. Das geht nicht mit rechten Dingen zu, sagte sie sich, aber sie verriet ihrem Sohn ihre Besorgnis nicht.

Dschou-dze rollte die Seidenstoffe zusammen und verkaufte sie auf dem Markt, wofür er eine Menge Geld bekam, so daß Mutter und Sohn von nun an in Wohlstand leben konnten.

Eines Morgens, als Dschou-dze auf seinem Feld arbeitete und seine Mutter im Haushalt beschäftigt war, erschien ein daoistischer Mönch vor ihrer Tür, der um Almosen bat. Er sah die Alte mit einem durchdringenden Blick an und sprach:

»Ich sehe auf deinem Gesicht das Zeichen der Hexerei!«

Sogleich erinnerte sich die alte Frau an das wundersame Gemälde, und zu Tode erschrocken fing sie zu zittern an.

»Wenn du mir nicht das Bild auf der Stelle aushändigst, wirst du deinen Sohn und dich selber ins Unglück stürzen. Woher wollt ihr plötzlich soviel Seide haben? Das ist doch die Frau auf dem Bilde, die euch mit Reichtümern beschenkt«, flüsterte der Mönch.

Als die alte Frau bemerkte, daß der Mönch das Geheimnis des Gemäldes kannte, war sie so verwirrt, daß sie sofort in das Zimmer ihres Sohnes eilte, das Bild von der Wand riß und es zusammenrollte. Gerade war sie dabei, hinauszugehen, als sie einen leisen Seufzer hörte. Schluchzend sprach die Fee:

»Sag bitte deinem Sohn, daß ich in die weite Ferne verschleppt werde. Wenn er mich wirklich liebhat, soll er mich im Reich Hsiu suchen. Dort werde ich auf ihn warten, wenn es auch eine Ewigkeit dauern sollte.«

Die Alte sagte nichts und eilte zur Tür hinaus, um dem Mönch das Gemälde zu überreichen; dem Sohn aber verschwieg sie die Worte der Fee.

Wenn das verfluchte Bild erst aus dem Hause ist, wird Dschou-dze auch die schöne Hexe vergessen! dachte sie sich.

Von der Arbeit auf dem Felde zurückgekehrt, entdeckte Dschou-dze, daß das Bild verschwunden war. Nur der Nagel steckte noch in der Wand. Als er seine Mutter fragte, wo das Bild geblieben sei, erzählte sie ihm von dem daoistischen Mönch, der sie mit Unheil bedroht hatte, wenn er das Bild nicht bekäme.

Schluchzend legte sich Dschou-dze auf sein Bett. Es war ihm völlig gleichgültig, was rings um ihn geschah. Er schlief nicht, aß und trank nicht, und seine Mutter mußte zusehen, wie er täglich schwächer wurde. Da holte die alte Frau sämtliche Heilkünstler aus der Nachbarschaft ins Haus und braute für ihren Sohn alle nur erdenklichen Heiltränke. Aber Dschou-dze wies alle Heilmittel zurück.

Besorgt über das Schicksal ihres einzigen Sohnes, setzte sie sich eines Tages neben Dschou-dze hin und sprach:

»Ach, Söhnchen, nie habe ich etwas vor dir verheimlicht, niemals unternahm ich irgend etwas gegen deinen Willen. Jetzt verstehe ich selbst, daß ich falsch gehandelt habe. Ich konnte ja nicht ahnen, daß du die Schöne so sehr liebst!«

Und voll Reue erzählte die Alte ihrem Sohn, was vorgefallen war. So erfuhr er von der Botschaft, die ihm die Fee durch seine Mutter zum Abschied hatte zukommen lassen. In Dschou-dze's Herzen flammte die Hoffnung auf, seine Geliebte wiederzufinden. Aber wo befand sich dieses Reich Hsiu? Wie konnte man dorthin gelangen?

Ein paar Tage später, als er sich ein wenig erholt hatte, beschloß er, sich sofort auf die Suche nach dem geheimnisvollen Reich zu begeben. Er holte aus dem Stall sein Reittier, ließ sich von seiner Mutter das leinene Beutelchen aushändigen, in dem sie ihr letztes Geld verwahrt hatte, sprang auf sein Pferd, winkte seiner Mutter zum Abschied zu und galoppierte davon.

Niemand kann genau sagen, wie lange Dschou-dze unterwegs war. Das Geld, welches er bei sich hatte, war ausgegeben, und nicht nur fehlte es ihm an Geld, sondern er war auch eines Tages gezwungen, seinen treuen Gefährten – sein Pferd – zu verkaufen, um sein Essen und sein Nachtlager zu bezahlen. Aber wie er zu dem Reich Hsiu kommen sollte, hatte er noch immer nicht erfahren können. Da Dschou-dze ohne Mittel geblieben war, mußte er sich wieder Arbeit suchen. So verdiente er sich recht und schlecht seinen Unterhalt, und sobald er etwas gespart hatte, setzte er seine Reise fort.

Unermüdlich wanderte Dschou-dze weiter in die Ferne. Manchmal hatte er das Gefühl, daß ihn seine Füße nicht mehr tragen könnten, so sehr war er erschöpft. Aber dann dachte er wieder an das Ziel seiner qualvollen Reise, und er erhob sich und eilte weiter. Immer seltener sah er Städte und

Dörfer. Immer einsamer wurden die Gegenden, die er durchwanderte. Er schlief auf den Feldern und im Wald. Seine einzige Nahrung waren die wilden Beeren und Früchte, die er unterwegs sammelte. Aber er verfolgte unermüdlich sein Ziel. Als er eines Morgens erwachte, entdeckte er in der Nähe eine kleine Schlucht. In der Hoffnung, dort Wasser zu finden, stieg er hinab. Wie groß aber war seine Enttäuschung, als er nur den Lauf eines ausgetrockneten Baches fand. Da keine Straße zu sehen war, beschloß er, die Schlucht entlang weiterzuwandern. Mit einmal stieß er auf eine kleine Grube, in der sich ein Tümpel gebildet hatte. Er kniete nieder, um seinen Durst zu stillen. Da bemerkte er plötzlich ein schwarzes Fischlein. Er überlegte eine Weile, was zu tun wäre, und sagte voll Mitleid zu dem Fisch:

»Mein lieber Freund, wenn ich hier meinen Durst lösche, bleibt für dich nichts übrig. Überlasse ich aber das bißchen Wasser dir, dann verdurste ich.« Er nahm also sein Taschentuch, benetzte es und wickelte das Fischlein hinein. Das Wasser aber trank er aus und ging weiter.

Der tapfere Dschou-dze war wieder einmal den ganzen Tag unterwegs gewesen, und als die Sonne zu sinken begann, erreichte er einen breiten, von Norden nach Süden fließenden Fluß, der so tief war, daß sein Fuß keinen Grund finden konnte. Entmutigt setzte er sich ans Ufer und wußte nicht, wie er den Fluß durchqueren sollte. Da fiel ihm das Fischlein ein, das er mitgenommen hatte.

»Meine Lage ist nicht zu beneiden, nur du, Fischlein, hast Glück!« sprach er zu ihm und warf es in den Fluß hinein. Das letzte, was er von dem Fisch noch sah, waren die Schuppen, die in der Abendsonne aufblitzten.

Aber wie sollte er den Fluß überqueren? Keine Menschenseele war zu sehen. Kein Boot war zu entdecken. Alles, was er gewahrte, waren die reißenden Fluten des Stroms, die sich in die unendliche Ferne ergossen, als flössen sie in den Himmel hinein.

Werde ich denn niemals meine geliebte Fee wiedersehen? fragte er sich immer wieder. Bedrückt schritt er das Flußufer entlang, in der Hoffnung, ein Nachtlager zu finden. Auf einmal hörte er jemanden seinen Namen rufen:

»Dschou-dze!«

Er blickte sich um, bemerkte aber niemanden.

»Ich muß mich getäuscht haben. Denn wer könnte in dieser Gegend meinen Namen rufen?«

Kaum war er einen Schritt weitergegangen, hörte er wieder seinen Namen.

»Dschou-dze! Dschou-dze, warte doch!«

Erstaunt drehte er sich um und sah einen in Schwarz gekleideten Jüngling, der hinter ihm herlief.

»Dschou-dze, wenn du den Fluß überqueren möchtest, kann ich dir helfen!«

»Natürlich möchte ich das, aber wie soll ich es tun?«

»Ich glaube, ich kann dir helfen!« sagte der Jüngling.

Er brach einen Weidenzweig ab und warf ihn in den Strom. Sogleich verwandelte sich der Zweig in eine schmale Brücke. Dschou-dze, der ganz außer sich vor Freude war, vergaß sogar, sich bei dem Jüngling zu bedanken. In aller Eile rannte er über die Brücke. Am anderen Ufer angelangt, schaute er sich um und mußte zu seiner Verwunderung feststellen, daß weder die Brücke noch der Jüngling mehr zu sehen waren. Nur ein kleiner schwarzer Fisch planschte fröhlich im Wasser.

Dschou-dze stieg einen Hügel hinauf. Von dort erspähte er ein Tal, in dem sich ein kleines Dorf befand. Am nördlichen Rande des Dorfes stand ein Haus, und am Tor vor dem Eingang in den Hof saß ein alter daoistischer Mönch. Da es dunkel zu werden begann, beschloß Dschou-dze, in das Dorf zu gehen und bei dem alten Mönch um ein Nachtlager zu bitten.

Lange musterte der Mönch Dschou-dze mit bösen Blicken. Er schien gar nicht geneigt zu sein, ihn eintreten zu lassen. Da aber Dschou-dze seine Worte so fein zu wählen wußte, ließ der Alte von seinem Argwohn ab. Er führte Dschou-dze in eine kleine Kammer im rechten Flügel des Hauses. Die Wände der Kammer waren mit buntem Papier beklebt. Außer einem Bett und einem Tischchen waren keine anderen Möbel darin zu sehen.

»Leg dich schlafen! Aber wehe dir, wenn du in dieser Kammer irgend etwas berührst!« sagte der Mönch und ging hinaus.

Die letzten Worte des Mönchs machten Dschou-dze nachdenklich, und er wunderte sich, warum er im Zimmer nichts berühren durfte. Unruhig wälzte er sich im Bett von einer Seite auf die andere und konnte nicht einschlafen. Als er dabei unabsichtlich mit der Hand die Wand berührte, begann sein Herz heftig zu pochen.

»Ah, da scheint ja eine Tür zu sein!«

Er sprang aus dem Bett, riß das Papier von der Wand und öffnete leise die geheime Tür. Im Dunkel der Nacht befand er sich plötzlich in einem großen Garten. Ein Pfad führte zu einem kleinen Pavillon, in dem ein Licht brannte. Im silbernen Mondschein beobachtete er, wie eine Frauengestalt den Pavillon verließ und ihm entgegenkam. Auf einmal stand vor ihm seine Fee, die schöne, gute, von ihm so innig geliebte Frau, die er so lange gesucht hatte. Sie gab ihm ein Zeichen, daß er sich ganz still verhalten möge, und flüsterte:

»Du befindest dich im Reich Hsiu. Ich wußte, daß du mich eines Tages finden würdest. Laß uns aber sofort von hier fliehen, denn ich habe das Zauberschwert des Mönchs entführt und werde ihn damit töten, wenn er wagen sollte, uns zu verfolgen!«

Sie riß ein Stück ihres Gewandes ab, breitete es auf der Erde aus, trat darauf und zog Dschou-dze zu sich heran. Kaum hatte er den Fuß daraufgesetzt, verwandelte sich das abgerissene Stück des Gewands in eine Wolke, und stracks flogen sie empor in die Lüfte. Es war ein wunderbares Gefühl, unter der Obhut der Fee so sicher hoch in den Wolken zu schweben. »Der alte Mönch verfolgt uns! Doch sei unbesorgt! Schließ deine Augen und kehr dich nicht um! Ich werde auch allein mit ihm fertig!«

Sie zog das Schwert unter ihrem Gewand hervor und schwang es über ihrem Haupt. In diesem Augenblick ertönte ein heftiger Donnerschlag, der Wind heulte, und ein Regenguß prasselte nieder. Ein entsetzliches Geschrei erschütterte die ganze Umgebung. Danach wurde es still.

Als Dschou-dze seine Augen wieder öffnen durfte, standen sie bereits wieder auf fester Erde.

Vor ihren Füßen lag der enthauptete Zauberpriester.

Die Mimose

Ich möchte eine Geschichte erzählen, von der ich allerdings nicht weiß, wo sie sich ereignet hat – vielleicht irgendwo weit, weit in der Ferne, wo sich Himmel und Erde treffen, vielleicht auch an einem Ort ganz nah von hier.

In jener Gegend jedenfalls lebte ein schöner hochgewachsener Jüngling, der jeden Tag angeln ging. Jedesmal traf er am Flußufer einen alten Mann, der leise vor sich hin sprach:

»Kommt, Fischlein kommt! Kommt, Fischlein, kommt! Fort die kleinen Fische! Her die großen Fische!«

Nach und nach kamen dem Jüngling der Alte und sein reicher Fang doch unheimlich vor, und er beschloß, ihn genauer zu beobachten. Eines Tages trat er schließlich an ihn heran und fragte ihn:

»Großväterchen, wie schafft Ihr es nur, immer so große Fische zu angeln? Könnt Ihr mir das nicht auch beibringen?«

Der Alte hob sein graues Haupt und schaute den Jüngling prüfend an.

»Du scheinst ja ein schlauer Bursche zu sein«, sagte er. »Ich werde dir aber trotzdem mein Geheimnis nicht verraten. Lauf lieber weiter am Fluß entlang. Vielleicht erwartet dich dort dein Glück.« Darauf schüttelte er seine Angel so heftig, daß der Fluß gischend aufrauschte, und ohne ein weiteres Wort stieg er in sein Boot und ruderte davon.

Der Jüngling machte sich auf den Weg, wie ihm der seltsame Alte geraten hatte. Dabei sann er unentwegt nach, was für ein Glück ihn wohl erwarten könnte.

Allmählich sank die Sonne hinter den Horizont. Ringsum war es still. Plötzlich sah er eine Bucht vor sich, über und über bedeckt mit Lotosblumen. Die Kelche schimmerten im Mondschein und wiegten sich sanft im Wind. Wie verzaubert blieb er stehen. Dann schritt er weiter, rutschte aus und fiel hin. Als er sich erhob, erkannte er seine Umgebung nicht wieder. Die Sterne schienen vom Himmel herabgestiegen zu sein – so strahlend hell war alles ringsumher. Der Weg führte ihn an einem Hain von Maulbeerbäumen vorüber, und alsbald kam er zu einem Häuschen am Waldrand, in dem Licht brannte. Er späte durch die halboffene Tür und sah drinnen ein wunderschönes Mädchen, das beim Licht einer Öllampe Seide webte. Das flackernde Flämmchen ließ ihr Kleid hell wie eine Lotosblume erscheinen. In ihrem glänzendschwarzen Haar trug sie eine frische Lotosblüte. Der Jüngling blieb vor der Tür stehen und fragte das Mädchen, wohin er sich verirrt habe.

»Das will ich dir gern sagen«, erwiderte sie. »Du befindest dich im Dorf der Lotosblumen, und ich bin die Lotosjungfrau! Du hast wohl einen langen Weg hinter dir! Komm doch herein und ruh dich aus.« Dann webte sie weiter und beachtete ihn nicht mehr.

Nachdem der Jüngling ein Weilchen gerastet hatte, entschloß er sich, doch heimzukehren. An der Tür blickte er sich um, und er traute seinen Augen nicht: Die bezaubernde Lotosjungfrau war verschwunden; und vor ihm lag wieder die Bucht mit ihren zahllosen Lotosblumen, leuchtend im Mondschein. Das muß doch eine Fee gewesen sein! dachte er noch ganz benommen. Und wie im Traum trat er den Heimweg an.

Als er zu Hause ankam, war er immer noch so verwirrt, daß er keinen Schlaf finden konnte. Eine namenlose Unruhe quälte ihn. Er stand auf, schlüpfte in sein Gewand und eilte zum Fluß zurück. Es tagte schon, als er die Bucht erreichte. Mit großer Ungeduld wartete er, bis die Sonne untergegangen war und sich die Nacht über den Fluß senkte. Da schimmerte wieder das Licht vor ihm auf, und er erkannte die Umrisse des Häuschens. Pochenden Herzens eilte er hin. Die Tür stand auch diesmal halb offen. Als er ins Häuschen trat, hörte die Lotosjungfrau zu weben auf und begrüßte ihn mit einem freundlichen Lächeln.

»Deine Jacke ist zerrissen!« bemerkte sie. »Komm, zieh sie aus, ich flicke sie dir!«

Beschämt gestand er ihr, er habe niemanden, der sich um ihn kümmere. Wortlos flickte sie seine Jacke, und als sie damit fertig war, sagte sie:

»Es ist spät geworden, geh jetzt lieber heim!«

Erst nach Mitternacht erreichte er wieder seine Hütte. Nichts war ihm mehr recht. Seine Erregung wuchs. Er stürzte aus der Tür hinaus und rannte zurück zum Fluß. Dicker grauer Nebel lag über dem Wasser. Von Tau durchnäßt, lief er zur Lotosbucht und kam dort gerade an, als die Vögel auf den Weiden zu zwitschern begannen. Die Sonne ging auf und vertrieb die Nebel. Noch klarer erschien jetzt dem Jüngling das Wasser in der Bucht. Tauperlchen rollten über die sanft sich wiegenden Lotosblüten, deren Duft die Bucht erfüllte. In ihrer Mitte entdeckte er eine große und besonders schöne Lotosblume. Hat sich vielleicht die Fee in diese Blume verwandelt? fragte er sich insgeheim. Und schon öffnete sich der Kelch, und die Lotosfee stand in all ihrer Lieblichkeit vor ihm.

»Mein Vater verbietet mir, mit einem gewöhnlichen Sterblichen Umgang zu pflegen«, sagte sie. »Darum dürfen wir uns nie wieder sehen!«

Als sie dann aber den Jüngling in seiner Verzweiflung weinen sah, brach auch sie in Tränen aus.

»Wenn du tapfer bist und mir vertraust«, sprach sie plötzlich entschlossen mit fester Stimme, »dann laß uns ans Ende der Welt fliehen, wo uns niemand finden kann.«

»Mit dir kann ich überall glücklich werden«, erwiderte der Jüngling ungestüm.

Sodann nahm die Fee die Lotosblüte aus ihrem Haar und blies darauf. Die Blüte öffnete sich leise und entfaltete sich zu einem Schirm. Mit einer Hand umklammerte die Fee den Stengel der Blume, mit der anderen faßte sie den Jüngling bei der Hand, zog ihn eng an sich und flog mit ihm zum Himmel empor.

Über viele Berggipfel flogen sie, wo die Adler kreisten; mit den weißen zarten Wolken schwebten sie dahin; und immer weiter ging die Reise in die unendliche Ferne. Schließlich landeten sie inmitten einer öden, kahlen Bergwelt. Riesige Felswände starrten ihnen entgegen. Nur ein Tal fanden sie, das mit grünem saftigem Gras bewachsen war. In der ganzen Umgebung war kein Wasser, kein Wald, geschweige denn eine Behausung zu sehen. Ganz bedrückt stand der Jüngling da und konnte sich nicht vorstellen, wie sie an diesem einsamen Ort leben sollten.

»Mach dir keine unnötigen Sorgen über unsere Zukunft«, sagte die Lotosfee frohgemut. »Laß das nur meine Sache sein! Ich werde mein seidenes Gewand in ein leinenes umtauschen, und du wirst sehen, wie flink ich hier Maulbeerbäume pflanzen kann.«

Sie zog ihren langen, blauen Seidenrock aus, legte ihn vor sich hin, und augenblicklich stieg er empor und begann zu kreisen; dann sank er allmählich wieder zur Erde herab. Plötzlich sah der Jüngling anstatt des wirbelnden Rockes einen wunderschönen blauschimmernden See vor sich. Auf einer kleinen Insel stand ein Häuschen.

Hand in Hand liefen sie über die schmale Brücke und betraten ihr Heim. Erstaunt stellte er fest, daß die Zimmer recht gemütlich eingerichtet waren. Sogar ein Webstuhl stand in einer Ecke.

Als der Jüngling am nächsten Tag zur Jagd ging, lief ihm die Lotosfee nach. Sie nahm die Lotosblüte aus ihrem Haar und sagte:

»Nimm bitte diese Blüte mit. Sie wird dich vor Wölfen, Tigern und allen blutdürstigen Raubtieren schützen. Gib nur gut acht, verlier sie nicht! Vertrau sie auch niemandem an!«

Der Jüngling nahm die Lotosblüte und machte sich auf den Weg. Immer weiter entfernte er sich vom Tal und stieg dann einen Hang empor. Dort stieß er auf Tiere, die sich seltsam verhielten – Hasen, die nicht davonliefen vor ihm, Fasane, die nicht davonflogen. Ohne auch nur einen Pfeil abzuschießen, fing er so viel Wild, wie er nur tragen konnte.

Gut gelaunt über seine reiche Beute, stieg er den Berg hinunter und erreichte bald das Tal. In der Nähe des Sees, am Fuße eines Berges waren Maulbeerbäume gewachsen. Die Lotosfee riß Zweige ab und pflanzte sie zwischen die Steine, und auch diese verwandelten sich sogleich in Bäume. Das Antlitz der schönen Fee war von der Sonne gerötet, ihre Hände zerkratzt. Sie sah sehr erschöpft aus. Dem Jüngling tat die Lotosfee leid, und er bat sie, mit ihm heimzukehren und sich ein wenig auszuruhen. Doch die Lotosfee wollte nichts davon hören. Sie erwiderte, daß sie doch die Absicht hätten, einen Haushalt einzurichten, eine richtige Wirtschaft zu führen, und da gehöre eben ein Wald dazu.

Täglich zog der Jüngling in die Berge auf Beute aus. Nachdem er die Ostseite des Gebirges erkundet hatte, beschloß er eines Tages, sich auch die Westseite anzusehen. Dort erwartete ihn ein neues Wunder: Eine Herde von Pferden weidete am Berghang, und eine Unmenge von Bergziegen lief ihm geradewegs entgegen. Er packte eine Ziege, schwang sie über die Schulter und eilte heimwärts, um der Fee von seinen Erlebnissen auf der Jagd zu erzählen. Als er ins Zimmer trat, fiel ihm ein wunderschönes grünes Seidentuch auf, das hingebreitet auf dem Bett lag. Seitdem sie im Tal wohnten, geschah ja ein Wunder nach dem anderen, und er war gespannt, was sich wohl dieses Mal ereignen würde. Bald erschien die Lotosfee. Sie nahm das Seidentuch und trug es zum Seeufer, wo sie es auf der Wiese entfaltete. Augenblicklich verwandelte sich das Tuch in einen rauschenden Bach.

So vergingen Wochen und Monate. Da bemerkte der Jüngling, daß die einst so bezaubernde Lotosfee nicht mehr so schön wie früher war. Ihr Haar glänzte nicht mehr so hell, ihr hübsches Gesicht sah blaß und abgehärmt aus.

Als der Jüngling eines Tages wieder auf die Jagd ging, überquerte er mehrere Berge und gelangte schließlich zu einer düsteren Schlucht. Die war so trostlos und öde – nicht eine Blume, nicht einmal ein Halm sproß aus dem dürren Boden. Am Fuße eines steilen Hanges entdeckte er eine Höhle. Von Neugier gepackt, trat er hinein, und je weiter er ging, desto dunkler wurde es um ihn. Mit einemmal war es ihm, als verspüre er den Geruch von Blut. Plötzlich sprang aus der Finsternis ein Tiger mit aufgerissenem Rachen und feurigen Augen auf ihn zu. Zu Tode erschrocken, wich der Jüngling zurück und hielt ihm die geheimnisvolle Lotosblüte entgegen. Da zuckte aus der Blüte wie ein Blitz ein glutroter Strahl hervor. Das Raubtier schrak zurück und rannte davon. Tiefer und tiefer drang der Jüngling in die Höhle ein. Auf einmal stieß er auf ein Rudel von Wölfen mit langen buschigen Schwänzen. Wieder vertraute er der geheimnisvollen Kraft der Lotosblüte, aus der wie zuvor eine Flamme hervorschoß. Die Wölfe flohen vor der sengenden Glut. Und wieder setzte der Jüngling seinen Weg fort, obwohl es ihm hier durchaus nicht geheuer zumute war. Doch bald lichtete sich das Dunkel, und je weiter er vordrang, desto heller wurde es. So kam er zu einer Tür. Als er sie aufstieß, war er im ersten Augenblick wie geblendet: Unzählige gleißendhelle Lampen und flackernde Kerzen leuchteten ihm entgegen. Auf einem prunkvollen Bett lag eine wunderschöne Frau. Um ihre Lippen spielte ein freundliches Lächeln, und mit einem zärtlichen Blick den Jüngling umgarnend, erhob sie sich und kam ihm entgegen. Entzückt von ihrer Schönheit, verglich er unwillkürlich ihre Vollkommenheit mit den schwindenden Reizen seiner Frau. Er begrüßte sie und nahm an ihrer Seite Platz. Die bezaubernde Unbekannte begann ungezwungen mit ihm zu plaudern und bewirtete ihn mit dem köstlichsten Wein in einem goldenen Becher. Wohlschmekkende Gerichte wurden auf silbernen Tellern vor ihm aufgetragen. Die Unbekannte scherzte und lachte, warf ihm feurige Blicke zu, und mit den Bewegungen einer sich geschmeidig windenden Schlange umtanzte sie ihn und suchte ihn an sich zu fesseln. Berauscht vom Wein und von der Schönheit der Unbekannten, beschloß der Jüngling, nicht mehr heimzukehren und für immer bei ihr zu bleiben. Die endlose Güte der Lotosfee war vergessen. Es kümmerte ihn auch nicht im geringsten, daß er sie verletzen würde.

So vergingen drei Tage. Am vierten Tag äußerte die schöne Unbekannte den Wunsch, ihre Verwandten zu besuchen, jammerte aber, daß sie sich vor giftigen Schlangen, Tigern und Panthern fürchte, die die Höhle umlagerten. Der verliebte Jüngling war überglücklich, ihr einen Gefallen erweisen zu können, und ohne Argwohn zu hegen, gab er ihr die geheimnisvolle Lotosblüte.

Ach! Kaum hatte die Schöne ihre Gemächer verlassen, und

war die Tür ins Schloß gefallen, verschwand mit einemmal alle Pracht in tiefer Dunkelheit. Er versuchte seine Umgebung zu ertasten, fühlte aber überall nur rauhes Gestein. Von draußen drang das Geheul von Wölfen und das Gebrüll von Tigern an sein Ohr. Die Steinblöcke ruckten und zuckten unter seinen Füßen, und er fürchtete, daß ihn die riesigen Brocken jeden Augenblick zermalmen würden. Verzweifelt schrie er um Hilfe, aber niemand antwortete ihm. Schlotternd vor Angst sank er auf einen Felsblock nieder.

Vergeblich wartete die Lotosfee drei Tage auf den Jüngling. Da er am vierten Tag noch immer nicht heimgekehrt war, blickte sie in ihren Spiegel, und da wurde ihr auf einmal klar, wo er sich befand: in der Höhle bei der schönen Hexe. Im ersten Augenblick war sie so erbittert, daß sie ihn am liebsten seinem Schicksal überlassen hätte, jedoch verrauchte allmählich ihr Zorn. Sie sprang von ihrem Webstuhl auf und eilte zur Höhle, um den Jüngling aus seiner Gefangenschaft zu befreien. Als sie die Höhle erreichte, konnte sie aber nicht hinein, da der Eingang mit Steinen verschüttet war. Sie stieg auf den Gipfel des Berges, zog ihren silbernen Fingerhut vom Finger und schleuderte ihn gegen das mächtige Gestein. Darauf tat sich der Felsen auf, und es entstand ein Schacht, rund wie ein Brunnen und so tief, daß man den Grund nicht sehen konnte.

Währenddessen saß der Jüngling eingeschlossen in der finsteren Höhle und wußte nicht, wie er sich befreien sollte. Er verging beinahe vor Angst und Schrecken. Plötzlich wurde es heller. Vor Freude sprang er auf, und auf einmal stand die Lotosfee vor ihm. Schnell ergriff sie die Hand des Jünglings und zog ihn den Schacht empor, höher und höher, bis hinauf zur Bergspitze. Dann hob sie ihren Fingerhut auf, steckte ihn wieder an ihren Finger, und sogleich verschwand der brunnenähnliche Schacht, als wäre er nie dagewesen. Die Fee blickte den Jüngling nur traurig an und sprach:

»Nie hätte ich gedacht, daß du mich jemals so verletzen könntest. Jetzt bin ich gezwungen, dir mein Geheimnis zu verraten. Ich besitze nämlich nicht nur einen, sondern zwei Schätze. Der eine ist dieser Fingerhut, der mir als Schlüssel dient, um Berge zu öffnen. Der andere war die Lotosblüte. Mit ihr in meiner Hand konnte ich zum Himmel emporsteigen und so lange fliegen, wie ich es mir nur wünschte. Wenn ich die Lotosblüte aber in meinem Haar trug, erhielt sie mich ewig jung.«

Kaum hatte die Lotosfee zu Ende gesprochen, brach ein heftiger Sturm los.

»Komm, wir müssen von hier fort«, sagte sie. »Die Hexe verfolgt uns schon!« Und sie eilten davon.

Die Hexe versuchte die beiden einzuholen, dennoch wagte sie sich nicht zu nah an die Lotosfee heran. Man hörte sie nur immer wieder dem Jüngling zurufen, er möge doch zu ihr zurückkehren.

»Schau dich nicht um«, sagte die Fee immer wieder zu dem Jüngling. »Tust du das, so hat deine letzte Stunde geschlagen!«

Von den flehenden Rufen der bösen Schönheit wurde der Jüngling immer unruhiger. Schließlich verlor er die Beherrschung und blickte doch zurück. Die Hexe winkte, und schon war er bei ihr. Und auf dem Rücken einer mächtigen Schlange ritten sie so schnell wie der Wind in die Höhle zurück.

»Ich war's doch, die dich retten wollte, aber all meine Mühe war vergebens!« rief ihnen schmerzlich die Lotosfee nach. Schluchzend kehrte sie um und ging zur Höhle zurück. Am Höhleneingang sah sie blutbefleckte Kleidungsstücke und Knochen herumliegen. Sie sammelte die traurigen Überreste ihres Liebsten auf und begrub sie in ihrem Garten.

Fleißig, wie die Lotosfee war, fütterte sie am Tage die Seidenraupen und pflanzte Bäume, und nachts webte sie Seide.

So verging ein Jahr nach dem anderen. Die jungen Zweige der Kiefern und Maulbeerbäume, die sie gepflanzt hatte, waren inzwischen zu dichten dunkelgrünen Wäldern herangewachsen. Aus dem Seidenstoff war ein großer See mit kristallklarem Wasser geworden. In den Hainen flatterten bunte Schmetterlinge, und auf dem See blühten unzählige Lotosblumen. Einmal entdeckte die Lotosfee auf dem Grab des Jünglings einen zarten Halm. Vor Freude berührte sie das einsame Hälmchen, aber es rollte sich zusammen, wie beschämt von ihrer Liebkosung, und ließ sein Köpfchen hängen.

Eines Tages erschien im Tal der seltsame Alte, den der Jüngling einst am Fluß getroffen hatte. Ohne etwas zu verheimlichen, erzählte ihm die Lotosfee, was ihr geschehen war. Bald darauf verschwand der Alte in den Bergen und kehrte mit der geheimnisvollen Lotosblüte zurück, die er der Hexe entwunden hatte. Die Lotosfee steckte die Blüte in ihr Haar, und von neuem erglänzte es in seidiger Pracht, und ihr Antlitz erstrahlte in seiner früheren Schönheit. Der Alte aber sammelte die Samen jener Pflanze, die auf dem Grab des Jünglings gewachsen war, und verließ das Tal. Im nächsten Frühling war die ganze Umgebung mit jener Pflanze bewachsen: die Wälder, die Hügel und alles ringsum. So nannten die Menschen diese Pflanze Schämdichgras oder Mimose. Bis zum heutigen Tag rollt sie, kaum daß man sie berührt hat, ihre Blätter zusammen und läßt den Kopf hängen. Auch in unserer Zeit leben nicht wenige Menschen, die dem Jüngling gleichen. Wenn sie Neuem begegnen, vergessen sie das Alte.

Der Schmetterling

Es gibt in China ein Sprichwort: Das Meer der Gelehrsamkeit ist ohne Grenzen! Kein Wunder! Selbst wenn man mit einem dünnen Pinsel Zehntausende von Schriftzeichen malen kann, ist man noch lange kein Gelehrter. Man muß sie auch verwenden können und viele weise Bücher auswendig gelernt haben, um als Gelehrter zu gelten.

Vor langer Zeit lebte ein Student namens De-jüe. Bereits als kleiner Junge wurde er von seinen Eltern zu einem alten Lehrer, der als großer Gelehrter galt, in die Schule geschickt. Der alte Herr war sehr streng und meinte, daß jeder Schüler von Zeit zu Zeit geschlagen werden müsse, damit er besser lerne. Auch De-jüe bekam oft Prügel mit einem Bambusstock. Und so geschah es, daß der Bambusstock mit der Zeit alles aus ihm herausgeschlagen hatte: seinen regen Geist, sein gutes Gedächtnis und auch sein fröhliches Lachen. Meist hatte De-jüe die ganze Nacht hindurch fleißig gelernt, doch kaum daß er am nächsten Morgen den alten Lehrer mit dem Bambusstock in der Hand erblickte, war im Nu alles wieder vergessen.

Eines Abends saß der Student beim Lichte einer Öllampe in seiner Kammer und studierte eine schwierige Stelle in den

Dreizehn klassischen Schriften. Vor Müdigkeit fielen ihm immer wieder die Augen zu. Gegen Mitternacht sank sein Kopf auf das Buch herab, und alsbald war er fest eingeschlafen.

Im Traum erschien ihm ein dreiköpfiges Ungeheuer mit einem riesenlangen Schwanz und rotfunkelnden Augen, das sich rasselnd in seine Kammer hineinzwängte. Das Ungeheuer riß seine drei Mäuler mit spitzzackigen Zähnen auf und stieß ein fürchterliches Gebrüll aus. Zugleich heulte der Nordwind los, und mit ihren Flügelchen flatternd, kamen zehn Schmetterlinge in seine Kammer hereingeflogen. Der Drache verschwand. Auch die Schmetterlinge flogen davon, außer einem, der um das Licht kreiste.

Als De-jüe aus seinem seltsamen Traum erwachte, stellte er erstaunt fest, daß tatsächlich ein Schmetterling mit samtenen blau und gold gefleckten Flügeln die Öllampe umkreiste. Doch als er mit der Hand den Schmetterling aus seinem Kämmerchen zu verjagen suchte, da geschah ein Wunder: Der Schmetterling verwandelte sich und nahm mit einemmal die Gestalt eines Mädchens an. Wie gelähmt stand De-jüe in seiner Verwirrung da und konnte nicht ein Wort herausbringen. Das Mädchen aber lächelte freundlich und sprach:

»Der Nordwind trieb mich hierher. Und wie Sie wissen, lockt das Licht in der Nacht Schmetterlinge an. Seit langem beobachte ich Sie, wie Sie jede Nacht über Ihren Büchern sitzen, Herr Student. Das Lämpchen in Ihrer Kammer brennt fast bis zum Morgengrauen. Darf ich Ihnen vielleicht bei Ihren Studien ein wenig helfen?«

»Sie werden mich sehr glücklich machen!« antwortete De-jüe höflich. Im stillen dachte er aber: Das muß schon ein seltsames Geschöpf sein, das sich von einem Schmetterling in ein Mädchen verwandeln kann. Und trotzdem, es ist ja doch nur ein Mädchen, und was verstehen Mädchen schon von gelehrten Dingen!

Das Mädchen lächelte nur spöttisch, als ob sie seine Gedanken erraten hätte.

»Laßt uns doch einmal um die Wette studieren, verehrter Herr Student! Wir wollen sehen, wer von uns beiden schneller eins dieser Bücher auswendig lernt!«

Sie nahm das Buch vom Tisch, in dem er gerade gelesen hatte, blätterte darin herum und übergab es De-jüe wieder. Und siehe da: den ganzen Text konnte sie heruntersagen – fehlerfrei. De-jüe war sehr beeindruckt von der Gelehrsamkeit des Mädchens.

»Ich gebe mich geschlagen!« sagte er. »Sogar mein strenger Lehrer hätte keinen einzigen Fehler entdecken können. Aber verraten Sie mir doch, wer Sie sind, schönes Fräulein!«

»Ich bin eine der vielen Feen, die es in der Welt gibt. Aber Feen kommen nur selten zu den Menschen, darum sind Sie wahrscheinlich auch erstaunt über meinen Besuch. Mein Vater war ein edler und hochgelehrter Mann, der sich auf Zauberkünste verstand. Meine neun Schwestern und ich halfen ihm oft bei seinen gelehrten Arbeiten. Ich lernte zwar viel von ihm, meine Kenntnisse allerdings sind immer noch bescheiden.«

»Sie müssen sich sehr glücklich schätzen, einen Vater als Lehrer gehabt zu haben, der Ihnen mit soviel Liebe sein Wissen zu vermitteln verstand. Mein Lehrer hingegen ist ein hartherziger und boshafter Mensch.«

»Mein Vater lebt nicht mehr«, antwortete das Mädchen. »Seitdem er tot ist, gleicht mein Leben wie auch das meiner Schwestern einer endlosen dunklen Nacht. Ein dreiköpfiges Ungeheuer bewacht uns. Das hat auch unseren Vater getötet, um dessen Geheimnisse an sich zu reißen!«

Die Fee löste ihr aufgestecktes Haar, und dabei fiel eine Perle auf ihre Hand. Sie zeigte De-jüe die Perle und sagte:

»Das ist alles, was uns von Vaters Schätzen übriggeblieben

ist. Wenn Sie sie unter Ihre Zunge tun, werden Sie alles, was Sie lernen, mühelos im Gedächtnis behalten. Überzeugen Sie sich doch selbst von ihrer Zauberkraft!« Und sie reichte ihm die Perle.

De-jüe nahm sie und tat, was ihm die Fee geheißen. Und siehe da: Kaum hatte er einen Blick auf eine Seite seines Buches geworfen, so wußte er sie auch schon auswendig. Und ehe die Nacht noch um war, bemerkte er zu seiner Freude, daß er nicht nur die Aufgaben für den nächsten Tag, sondern für viele Tage im voraus bereits erlernt hatte. Plötzlich spürte er die Hand der Fee auf seiner Schulter:

»Es ist spät geworden!« sagte die Fee leise. »Wir müssen uns trennen, Herr Student!«

De-jüe gab ihr die Perle zurück und verbeugte sich tief.

»Ach, Sie waren so gütig zu mir. Schade, daß Sie wieder gehen müssen.«

»Ich werde Sie noch öfter besuchen!« erwiderte die Fee. Sie schwenkte wie mit einem Flügelschlag die Ärmel ihres Gewandes durch die Luft, und augenblicklich hatte sie sich in einen Schmetterling zurückverwandelt. So flatterte sie durchs Fenster hinaus und verließ den Studenten.

Als De-jüe am nächsten Morgen bei seinem Lehrer erschien, legte dieser, wie immer, zunächst seinen Bambusstock vor sich hin und befahl ihm, seine Lektion aufzusagen. Nach alter Gewohnheit griff er immer wieder nach dem Stock. Aber zu seiner höchsten Verwunderung konnte der Grobian diesmal keinen Gebrauch von ihm machen.

Am Abend besuchte die Fee wieder den Studenten und gab ihm die Perle. Auch in dieser Nacht machte er gewaltige Fortschritte in seinen Studien. Am nächsten Tag sagte er seine Lektion so glänzend auf, daß er endlich die von ihm lang ersehnten Worte seines Lehrers hörte:

»Ich zweifele nicht mehr an deinen Kenntnissen. Du kannst

getrost in der Kreisstadt deine Prüfungen ablegen. Du warst sehr fleißig in der letzten Zeit, De-jüe!«

De-jüe bestand seine Prüfungen vorzüglich und wurde in den Kreis der Gelehrten aufgenommen. Aus der Kreisstadt zurückgekehrt, wartete er in seinem bescheidenen Kämmerchen ungeduldig auf den Einbruch der Nacht, um der Fee von dem glücklichen Ereignis zu erzählen. Er ahnte nicht, daß ihm dieses Wiedersehen keine Freude, sondern Kummer bereiten würde.

Als die Fee kam, wußte sie bereits alles. »Verehrter Herr Student!« sagte sie. »Ich beglückwünsche Sie zu Ihrem Erfolg! Es freut mich, daß ich Ihnen dabei eine kleine Hilfe leisten konnte. Nun muß ich mich von Ihnen verabschieden. Leben Sie wohl! Ich habe keinen Grund mehr, Sie zu besuchen!«

»Wenn ich vorher geahnt hätte, daß mit meinem Eintritt in den Gelehrtenstand unsere Bekanntschaft zu Ende gehen würde, hätte ich bewußt etliche Fehler bei den Prüfungen gemacht, nur um durchzufallen. Wenn ich Sie wirklich nie wieder sehen darf, so bin ich der unglücklichste Mensch auf der Welt!« rief er schluchzend.

»So traurig auch deine Worte klingen mögen, so stimmen sie mich doch sehr froh. Ich habe dich liebgewonnen!« sagte die Fee zärtlich.

»Dann darfst du mich nicht verlassen!« bat De-jüe.

Und die Fee blieb. Sie heirateten alsbald und lebten glücklich miteinander.

Die Jahre vergingen. Sie hatten zwei Kinder: einen Sohn und eine Tochter. Die Perle der Fee brachte De-jüe einen Erfolg nach dem anderen. Er bestand die höchsten Prüfungen in der Provinzhauptstadt. Sein Prüfungsaufsatz wurde auch diesmal als der beste bewertet. Überall genoß er Ehre und Achtung.

Eines Tages erreichte De-jüe die Nachricht, daß die kaiserlichen Prüfungen für die besten Gelehrten des Landes demnächst in der Palastakademie stattfinden sollten. Sofort beschloß er, in die Reichshauptstadt zu reisen.

»Fahre nicht, De-jüe!« flehte bekümmert die Fee. »Mir ahnt nichts Gutes!«

»Du brauchst dir keine Sorgen zu machen, meine Liebe! Sobald die Prüfungen vorüber sind, komme ich sogleich heim! Es wäre doch nicht klug von mir, wenn ich solch eine Gelegenheit nicht wahrnehmen würde.«

»Gut, es soll geschehen, wie du es für richtig hältst. Sei nur vorsichtig mit der Perle. Gib acht auf sie. Andernfalls wird uns alle ein Unglück befallen!« erwiderte seine Frau.

Eine Woche war De-jüe unterwegs, ehe er die Reichshauptstadt erreichte. Er war sehr stolz, daß er auch hier kein Unbekannter war und nunmehr an dem höchsten Wettbewerb der Literaten des ganzen Landes teilnehmen durfte.

Einen Tag vor den großen Prüfungen spazierte De-jüe mit einem alten Gelehrten am Ufer eines Flusses entlang, der in der Nähe des kaiserlichen Palastes vorbeifloß.

»Die Zeit hat meinen Rücken gekrümmt, und mein Haupt ist grau geworden, aber es gelingt mir noch immer nicht, vor den Prüfungen die Ruhe zu bewahren. Auch heute schlägt mein Herz so heftig, als ob ich morgen zum erstenmal geprüft werden würde!« sagte der alte Gelehrte.

»Ich bin dagegen überhaupt nicht aufgeregt!« bemerkte De-jüe. »Ich bin mir sicher, daß ich nicht der schlechteste unter den Prüflingen sein werde.« Im stillen dachte er: Ich habe ja die Zauberperle bei mir, und die wird mir schon beistehen, wenn es not tut. Er holte die Perle aus seiner Tasche und blickte sie voller Bewunderung an. Bald rollte er sie auf der Handfläche hin und her, bald warf er sie in die Luft und fing sie wieder auf. Da entglitt sie ihm plötzlich, sprang über die Ufersteine und fiel in den Fluß hinein.

»Weg ist sie! Ich habe sie verloren! Wie konnte ich nur so

leichtsinnig sein!« jammerte De-jüe und lief Hals über Kopf davon. Nichts ahnend schüttelte der alte Gelehrte sein Haupt über das seltsame Gebaren des jungen Mannes. Noch am selben Abend verließ De-jüe die Hauptstadt.

In seinem Heimatort angekommen, stürzte er sogleich in sein Haus. Seine Frau war nirgends zu erblicken. Ganz aufgeregt fragte er die Kinder, wo ihre Mutter sei.

»Mama ist weggeflogen!« riefen sie weinend. »Sie ist ein Schmetterling geworden! Mama sagte nur, wir sollten sie auf einer kristallenen Insel suchen, die sich irgendwo auf einem gläsernen See befindet!«

De-jüe schnürte hastig ein paar Sachen zusammen, nahm seine Kinder bei der Hand und verließ in aller Hast das Haus. Er schlug den Weg nach Norden ein, denn, so dachte er, als die Fee ihm zuerst in der Gestalt eines Schmetterlings erschienen war, war sie ja auch mit dem Nordwind zu ihm gekommen.

Lange schon war De-jüe mit seinen Kindern unterwegs. Ihre Schuhe waren abgetreten und voller Löcher, ihre Kleider zerfetzt. Das Geld war ihnen ausgegangen. De-jüe schämte sich aber, um Almosen zu betteln. Sie aßen, was sie unterwegs fanden: Pilze, Beeren und Wurzeln. Sie schliefen im Wald, auf den Wiesen oder manchmal auch im Stroh bei den freundlichen Bauern. An vielen Ortschaften kamen sie vorbei, und überall fragte De-jüe die Leute nach dem Weg zu dem gläsernen See. Doch keiner hatte je etwas von ihm gehört. So wanderte De-jüe mit seinen Kindern immer weiter nordwärts, bis sie eines Tages zu einer gewaltigen Bergkette kamen, deren Gipfel mit Schnee bedeckt waren. Mühsam war der Weg über die steilen Hänge und durch die tiefen Schluchten, aber nichts hielt De-jüe von seinem Ziel ab. Geplagt von Hunger und Kälte, weinten die Kinder und wollten nicht weiter. »Bald, sehr bald haben wir den See gefunden!« beruhigte der Vater sie immer wieder.

Und tatsächlich, ein paar Tage danach erblickten sie mit einemmal in der Ferne einen spiegelglatten, glänzenden See, aus dem schimmernd eine Kristallinsel emporragte. Wie von tausend Lichtern erleuchtet, erhob sich inmitten der Insel ein kristallener Palast. De-jüe atmete erleichtert auf und sagte zu seinen Kindern:

»Endlich sind wir an unserem Ziel. Das ist der gläserne See!«

Mit neuem Mut eilten sie auf den See zu. Das war kein leichtes Gehen auf der glatten Fläche. Immer wieder rutschten sie aus und fielen hin. Als sie endlich erschöpft die Insel betraten, ertönte plötzlich ein heftiger Donnerschlag. Der kristallene Grund zersplitterte und schnitt ihnen die Füße wund. Da hörten sie jemanden mit furchtbarer Stimme rufen:

»Geht fort, wenn euch euer Leben lieb ist!«

»Mein Leben ist nichts wert, wenn ich meine geliebte Frau nicht wiederfinden kann!« antwortete De-jüe tapfer.

Es wurde still. Auf einmal öffneten sich die Tore des Kristallpalastes. De-jüe trat mit seinen Kindern in einen großen Saal, an dessen Ende ein dreiköpfiges Ungeheuer auf einem hohen Thron saß. Wieder dröhnte die furchtbare Stimme:

»Ich habe dich nicht eingeladen! Du bist von selbst gekommen! Es ist schwer, in meinen Palast zu gelangen, aber noch viel schwerer, ihn zu verlassen!«

»Gib mir meine Frau! Ohne sie gehe ich nicht fort von hier!«

Da lachte das Ungeheuer so laut, daß De-jüe beinahe das Trommelfell platzte.

»Du Dummkopf! Deine Frau nennst du sie und weißt gar nicht, daß es keine gebildetere als sie gibt in der ganzen Welt. Kannst du dich denn an Bildung und Klugheit mit ihr messen? Bist du überhaupt imstande, auch nur eins der vielen Bücher, die sie studiert hat, zu lesen?«

Das Ungeheuer schlug zornig mit dem Schwanz. Knarrend sprang eine Tür auf. De-jüe erblickte ein Zimmer, das bis zur Decke mit Büchern vollgestopft war.

»Ob ich sie lesen kann, fragst du? Haha! Ich kenne sie alle auswendig«, und er fing an, die alten Texte einen nach dem anderen vorzutragen.

»Genug!« schrie das Ungeheuer.

Obgleich es selbst kein Wort lesen konnte, verstand es doch, daß es De-jüe auf diese Weise nicht einschüchtern konnte. Abermals peitschte es den Boden mit dem Schwanz – und zehn Schmetterlinge flatterten in den Saal herein. Sie glichen einander wie ein Ei dem anderen. Der kluge De-jüe begriff sofort, worum es ging und daß er eine List anwenden müsse, um seine Frau unter den zehn Schmetterlingen zu erkennen. Er gab seinem Sohn eine schallende Ohrfeige und zog die Tochter an den Haaren.

»Eure Mutter hat euch verlassen, so will ich euch auch nicht mehr haben!« rief er mit scheinbarer Wut. »Meinetwegen kann euch das Ungeheuer ruhig auffressen!«

Augenblicklich begann einer der Schmetterlinge aufgeregt mit den Flügeln zu schlagen, flog zu den Kindern und umkreiste wie schützend die beiden.

»Dieser Schmetterling und kein anderer ist meine Frau!« rief De-jüe erfreut, und schon hatte sich der Schmetterling verwandelt und nahm die Gestalt seiner Frau an.

»Mutter, Mutter!« schrien die Kinder und stürzten auf sie zu.

»Du hast gewonnen! Nimm deine Frau und deine Kinder und verschwinde schleunigst von hier!«

»Glaub nicht, was er sagt, De-jüe! Er hat die Absicht, uns zu töten!« flüsterte die Fee.

»Ich denke gar nicht daran, wegzugehen! Was ich kann, habe ich dir bewiesen! Jetzt bist du an der Reihe! Verwandele

dich doch einmal in ein anderes Wesen, wenn du so ein großer Zauberkünstler bist.«

Das Ungeheuer brüllte laut auf, schwenkte ein paarmal seinen Schwanz hin und her, und schon hatte es sich in einen Tiger verwandelt. Ängstlich klammerten sich die Kinder an ihren Vater. De-jüe war selbst nicht wenig erschrocken, aber er ließ es sich nicht anmerken und sagte:

»Ein Tiger – das bringt jeder Zauberer fertig. Aber kannst du dich auch in ein Staubkörnchen verwandeln?«

Vor Zorn blitzte der Tiger mit seinen grünschillernden Augen, strich sich mit dem Schwanz über den Rücken und verwandelte sich im Nu in ein winzigkleines Stäubchen, das flimmernd durch die Luft flog.

Die Fee holte rasch ein goldenes Fläschchen aus ihrer Gürteltasche hervor, und die neun Schmetterlinge jagten mit flatternden Flügeln das Stäubchen in das Fläschchen hinein. Flink klappte die Fee den Deckel zu, und lachend rief sie:

»Jetzt kann das böse Tier aus seinem goldenen Kerker nicht mehr heraus. Aber solange ich die Perle nicht habe, sind meine Schwestern und ich nicht endgültig von dem Zauber des Ungeheuers befreit!«

»Ich werde alles tun, um die Perle zu finden! Sag mir nur, was ich zu tun habe!« bat De-jüe.

»Mit der Strömung des Flusses gelangte die Perle ins Meer. Der Meereskönig nahm sie zu sich. Das Ungeheuer aber stahl ihm die Perle und versteckte sie in einem tiefen Brunnen, der sich unter seinem Thron befindet!« erklärte sie ihm.

De-jüe versuchte den Thron wegzurücken, aber der war zu schwer. Auch zusammen mit seiner Frau und den Kindern, die eifrig mithalfen, konnte er ihn nicht fortbewegen. In seiner Verzweiflung stampfte er dreimal mit dem Fuß auf, und siehe da: Plötzlich zerbrach der kristallene Thron in tausend Scherben, und dort, wo er gestanden hatte, tat sich jetzt ein tiefer

Brunnenschacht auf. Die Fee bückte sich über den Brunnenrand und warf das goldene Fläschchen hinein. Gleich darauf schwebte die Perle an die Oberfläche. De-jüe ergriff sie und übergab sie seiner Frau. Im selben Augenblick verwandelten sich auch die verzauberten neun Schmetterlinge, und an ihrer Stelle erschienen neun wunderschöne Mädchen vor ihnen. Überglücklich faßten sie alle einander an den Händen und eilten aus dem Kristallpalast hinaus. Kaum waren sie draußen, fing der Palast auch schon zu schmelzen an, als wäre er aus Eis gewesen. Und als sie am anderen Ufer des Sees anlangten, sahen sie zu ihrem Erstaunen, daß von dem Kristallpalast nichts übriggeblieben war. Und auch der gläserne See war verschwunden, als wäre er nie dagewesen. Die Insel bedeckten nun grünes Gras und bunte Blumen, und wo sie vor kurzem noch auf der spiegelglatten Fläche ausgerutscht waren, glitzerte ein wunderschöner himmelblauer See im Sonnenlicht.

Die Himmelstrommel

Es lebte einmal in einem Palast im Himmel ein alter Zauberer, der sieben schöne Töchter hatte. Die schönste von allen aber war Si-Dse, die jüngste Tochter.

Der alte Zauberer, der mit der Welt der Menschen nichts zu tun haben wollte, fürchtete sehr, daß seine Töchter Lust bekommen könnten, das Leben auf Erden kennenzulernen oder gar einen irdischen Jüngling zu heiraten. Denn auch seine Töchter waren zauberkundig, und dann könnten vielleicht seine Zauberkünste unter die Menschen geraten. So drohte er ihnen, sie streng zu bestrafen, sollten sie sich je über die Grenzen der Palastgärten hinauswagen.

Einmal, als Si-Dse in ihrer Kammer an ihrem Stickrahmen saß, hörte sie plötzlich von fernher, aus der Welt der Menschen, Flötentöne. So schön war die Melodie, daß sie lange ergriffen lauschte. Um herauszubekommen, wer da ein so wunderbares Lied spielte, verließ sie mit ihrem Hirsch, der ihr Freund und Diener war, heimlich ihre Kammer und ging in den Garten hinaus. Durch eine Wolkenlücke schauten sie auf die Erde hinab. Es war Frühling. Die Pfirsichbäume mit ihren zartrosa Blüten standen in voller Pracht, und die Weiden ließen ihre grünen Zweige vom milden Frühlingswind kämmen. Schwalbenpärchen flogen zwitschernd hoch in den Himmel. Singend arbeiteten die Bauern auf dem Feld. Wehmütig betrachtete Si-Dse das schöne friedliche Leben auf der Erde und wünschte sich insgeheim, auch einmal dort verweilen zu dürfen. Und immer wieder blickte sie voller Neugier in die Richtung, woher die wunderbare Melodie kam. Da bemerkte sie unter einer alten Weide einen schönen Jüngling, der die Flöte blies. Einen so prächtigen jungen Mann hatte Si-Dse noch nie gesehen, und auf der Stelle verliebte sie sich in ihn. Der Hirsch erriet sogleich die Gefühle seiner Herrin und flüsterte ihr ins Ohr:

»Si-Dse, ist es nicht schön dort unten bei den Menschen? Wenn wir doch auch einmal zur Erde hinuntersteigen und dort ein Weilchen herumspazieren könnten!«

Si-Dse nickte nur.

»Siehst du den Burschen dort unter dem Baum? Gefällt er dir?«

Si-Dse errötete. »Gefallen tut er mir schon!« antwortete sie ihrem Freund. »Wer aber weiß, ob er auch ein guter Mensch ist?«

»Wenn du mir erlauben würdest, zur Erde hinunterzusteigen, könnte ich das leicht herausbekommen!«

Si-Dse willigte ein, und der Hirsch eilte zur Erde hinunter.

Der Jüngling, der unter der Weide saß und Flöte spielte, hieß Wang-Sjang. Er lebte mutterseelenallein. Denn seine Eltern waren längst gestorben, und er hatte auch keine Geschwister. Da er kein Stückchen Land sein eigen nannte, weidete er die Schafe der reichen Bauern oder mähte Gras und verkaufte es als Futter im Dorf. Von dem bißchen Geld, das er für seine Dienste erhielt, konnte er gerade sein Leben fristen.

Plötzlich hörte Wang-Sjang ein Geräusch in den Büschen. Als er sich umdrehte, sah er einen Hirsch auf sich zulaufen.

»Hilf mir Jüngling, rette mich!« schrie der Hirsch. »Ein Wolf ist hinter mir her!«

Wang-Sjang führte den Hirsch zu einem Heuhaufen und versteckte ihn dort. Er selbst aber stieg auf einen Baum. Da erschien auch schon der Wolf.

»Hast du einen Hirsch gesehen?« fragte der Wolf.

»Ja, eben ist einer in südlicher Richtung an mir vorbeigelaufen«, gab Wang-Sjang zur Antwort.

Der Wolf warf einen gierigen Blick in die angedeutete Richtung, und mit einem Satz sprang er davon. Nachdem er außer Sicht war, kroch der Hirsch aus dem Heuhaufen heraus. Mit einer tiefen Verbeugung seines geweihgekrönten Hauptes bedankte er sich bei Wang-Sjang. Eine gute Weile unterhielt sich der Hirsch mit dem Jüngling, stellte ihm allerlei Fragen, erkundigte sich, womit er sich seinen Unterhalt verdiene und ob er eine große Familie habe.

»Ach, lieber Hirsch, ich bin ganz allein auf der Welt!« antwortete Wang-Sjang betrübt.

»Wenn du so einsam bist, warum nimmst du dir keine Frau?«

»Du weißt ja gar nicht, wie arm ich bin. Eine Frau könnte ich mir nicht leisten!« klagte Wang-Sjang.

»Laß den Kopf nicht hängen, Bruder Wang-Sjang!« tröstete ihn der Hirsch. »So ein schöner und fleißiger Bursche wie du wird bestimmt noch eine Frau finden! Wenn du erlaubst, werde ich dir selbst dabei behilflich sein! Jetzt muß ich mich aber auf den Weg machen, denn es ist spät geworden. Wir werden uns bestimmt bald wiedersehen. Solltest du dich einmal in Not befinden, dann wende dich bitte nach Südosten und ruf nur dreimal Bruder Hirsch! Ich werde dir gewiß zu Hilfe eilen!« Mit diesen Worten verließ er den Jüngling.

Die sonderbare Bekanntschaft hatte Wang-Sjang verwirrt. Nachdem er sich ein wenig beruhigt hatte, sammelte er das gemähte Gras zusammen, lud es auf den Karren und trat den Heimweg an.

Am nächsten Tag ging Wang-Sjang mit seiner Sichel den Fluß entlang zur Arbeit. Da sah er auf einem Steg ein Mädchen in einem rosa Kleid emsig Wäsche waschen. Als er herankam, hob sie ihr Köpfchen und blickte ihn mit großen leuchtenden Augen an, daß ihm ganz warm ums Herz wurde. Bezaubert von ihrem Liebreiz, blieb er stehen und sah ihr bei der Arbeit zu. Unter seinen Blicken wurde sie sehr verlegen; sie erhob sich, und als sie nach dem Wäschekorb greifen wollte, rutschte sie aus und fiel vom Steg ins Wasser. Erschrocken sprang Wang-Sjang ihr nach und trug sie ans Ufer.

»Du wirst dich erkälten in den nassen Kleidern!« sagte er. »Komm, gehen wir in meine Hütte! Sie ist nicht weit von hier. Dort kannst du deine Kleider am Feuer trocknen!«

Als sie zur Hütte kamen, stand bereits der Hirsch dort. Er hatte Kleider für das Mädchen mitgebracht.

»Warum bist du gekommen, Bruder Hirsch?« fragte Wang-Sjang erstaunt. »Ich habe dich nicht gerufen!«

»Habe ich dir nicht versprochen, eine Braut zu finden? Dieses Mädchen, das du vor dem Ertrinken gerettet hast, heißt Si-Dse. Deinetwegen hat sie den Palast ihres Vaters im Himmel verlassen und ist zur Erde herabgestiegen. Frag sie doch, ob sie deine Frau werden möchte!«

Wie im Traum kam sich Wang-Sjang vor. Er konnte einfach nicht glauben, daß dieses Mädchen ihn jemals heiraten würde. Da aber fiel sein Blick auf Si-Dses strahlendes Gesicht! Verschämt trat er zu ihr und bat sie, seine Frau zu werden.

Wang-Sjang und Si-Dse waren sehr glücklich miteinander. Sie arbeiteten beide fleißig, und es dauerte nicht lange, da hatten sie genug erspart, um sich ein Stückchen Land zu kaufen. Der Boden war gut und brachte ihnen eine reiche Ernte ein. Und abends in ihren Mußestunden spielte Wang-Sjang seiner Frau die allerschönsten Lieder auf seiner Flöte vor. Aber ihr Glück war nur von kurzer Dauer. Eines Tages, als Wang-Sjang Getreide zum Markt gefahren hatte und erst spätabends heimkehrte, fand er sein Häuschen leer. Er suchte Si-Dse überall, konnte sie aber nirgends entdecken. Da erinnerte er sich der Worte des Hirsches und rief dreimal: »Bruder Hirsch!« Der Hirsch erschien auch sogleich und erzählte ihm, was vorgefallen war.

»Si-Dse ist die Tochter eines bösen und mächtigen Zauberers! Der Alte geriet außer sich, als er vernahm, daß seine Tochter zur Erde hinabgestiegen war und einen Menschen geheiratet hatte. So wartete er nur auf eine günstige Gelegenheit, sie wieder in seinen Palast im Himmel zurückzubringen. Dort hält er sie nun gefangen.«

»Wie soll ich denn Si-Dse befreien? Hilf mir doch, Bruder Hirsch!« rief Wang-Sjang flehend.

»Si-Dse band ein Säckchen um meinen Hals. Darin befindet sich ein Körnchen Gaoliang. Das gebe ich dir nun. Steck das Körnchen in die Erde und pfleg es gut. Wenn der Gaoliang emporgewachsen ist, klettere an dem Stengel hinauf und spring auf eine Wolke. Sie wird dich zum Palast des Zauberers tragen. Aber bis dahin bittet dich Si-Dse, ihr jeden Tag auf der Flöte ein Lied zu spielen, um ihr die Einsamkeit in der Gefangenschaft zu erleichtern. Nun muß ich mich beeilen, denn Si-Dse wartet auf mich. Merk dir gut, was ich dir gesagt habe!« Und er verließ den Jüngling.

Da Wang-Sjang große Sehnsucht nach seiner Frau hatte, pflanzte er noch am selben Tag das Körnchen in der Nähe seiner Hütte ein und pflegte es mit Liebe und Sorgfalt. Seine Mühe war nicht vergebens. Es wuchs höher und höher. Eines Tages war der Stengel so groß und stark wie ein Baum geworden und bis zu den Wolken emporgewachsen.

Wie ihm der Hirsch geraten hatte, kletterte Wang-Sjang an dem Stengel hinauf und sprang auf eine Wolke, die ihn zum

Palast trug. Als er den Palastgarten betrat, kamen ihm sechs Mädchen entgegen, die alle gleiche Kleider trugen.

»Herzlich willkommen, lieber Schwager!« begrüßte ihn das älteste Mädchen.

»Seid gegrüßt, liebe Schwägerinnen!« erwiderte Wang-Sjang. »Ich komme, Si-Dse zu befreien und sie wieder zur Erde mitzunehmen!«

»Das wird nicht so leicht sein!« sagte die Älteste mit einem Seufzer. »Si-Dse ist im Kerker hinter dicken Mauern eingesperrt. Du mußt viel Mut aufbringen und mit List vorgehen, um gegen die Zauberkunst unseres Vaters anzukommen.«

»Wo ist der Hirsch?« fragte Wang-Sjang.

»Als unser Vater erfuhr, daß er dir von Si-Dse Nachricht gebracht hatte, sperrte er auch ihn ein!«

Plötzlich erhob sich ein heftiger Sturm. Der Himmel verdunkelte sich; es blitzte und donnerte; und aus einer schwarzen Wolke stieg der alte Zauberer in den Palastgarten hinab.

»Wer hat dir erlaubt, meinen Garten zu betreten?« rief er zornig. »Bist du etwa gekommen, um Si-Dse zu entführen? Meine Tochter wirst du nie wiedersehen. Verschwinde, du hast hier nichts zu suchen!«

»Si-Dse ist aus freiem Willen meine Frau geworden! Ich habe sie nicht entführt! Nun bin ich gekommen, um sie heimzuführen!« erwiderte Wang-Sjang beherzt.

»Na schön, wenn es dich so sehr verlangt, Si-Dse zurückzubekommen, mußt du erst einmal beweisen, was du kannst!« sagte der Alte höhnisch. »Meine älteste Tochter wird dir meine Felder zeigen. Geh und pflüg sie um bis zum Sonnenuntergang. Gelingt es dir, sollst du Si-Dse haben. Wenn nicht, dann verlaß meinen Palast und zeig dich nie wieder hier!«

Unendlich weit erstreckten sich die Felder des alten Zauberers. Verzweifelt stand Wang-Sjang neben seinen Schwägerinnen und wußte sich nicht zu helfen.

Da sagte eine von ihnen:

»Gräm dich nicht, Schwager! Verlaß dich nur auf mich!«

Sie pustete dreimal auf den Pflug, der sich sogleich mit rasender Geschwindigkeit über die Felder zu bewegen begann. Und noch vor Sonnenuntergang waren die dicht mit Unkraut bewachsenen Äcker allesamt umgepflügt.

Der Alte traute seinen Augen nicht. Der Bursche scheint tatsächlich ungewöhnliche Fähigkeiten zu besitzen! dachte er. Ich muß ihm wohl eine schwerere Aufgabe stellen! Er tat, als ob er sehr zufrieden sei. Dann überlegte er eine Weile und sagte schließlich:

»Wenn du aus Kleie ein Seil drehen kannst, ist Si-Dse dein. Anderenfalls verschwinde und laß dich nie wieder sehen.«

Aus Hanf oder Gras ein Seil anzufertigen wäre eine Kleinigkeit gewesen. Wie aber ein Seil aus Kleie herstellen? Wang-Sjang wußte sich auch diesmal keinen Rat. Da flüsterte ihm die älteste Schwester zu:

»Gräm dich nicht, Schwager! Ich werde dir helfen!«

Sie pustete dreimal auf die Kleie, die sich augenblicklich in Hanffasern verwandelte. Wang-Sjang machte sich mit Feuereifer an die Arbeit, und binnen kurzer Zeit war auch die zweite Aufgabe erfüllt.

Als der alte Zauberer das sauber gedrehte Seil sah, erblaßte er vor Wut, doch ließ er sich nichts anmerken, und mit scheinbarer Freundlichkeit lobte er Wang-Sjang:

»Gut, sehr gut hast du das gemacht! Wenn du auch noch die letzte Aufgabe erfüllst, kannst du Si-Dse gleich mitnehmen! Geh morgen zum Affenberg und bring mir die Himmelstrommel des Affenkönigs. Schaffst du das nicht, dann verschwinde auf Nimmerwiedersehen!«

»Gräm dich nicht, Schwager! Auch bei dieser Aufgabe werden wir dir helfen!« sagten nun alle sechs Schwestern. »Wir sind ja nicht umsonst Töchter eines Zauberers!«

»Kennst du den Weg zum Affenberg?« fragte die jüngste Schwägerin.

»Nein, von einem Affenberg habe ich noch nie etwas gehört!« erwiderte Wang-Sjang verzweifelt.

»Dann nimm dieses Knäuel! Es wird dir den Weg zeigen!«

Die zweitälteste Schwester überreichte ihm eine Schärpe, die drittälteste gab ihm eine Nadel, von der viertältesten erhielt er einen leinenen Sack, und die fünftälteste schenkte ihm einen Dattelkern, die sechstälteste aber sprach ihm Mut zu und gab ihm weise Ratschläge. Wang-Sjang dankte seinen Schwägerinnen und machte sich schon vor Morgengrauen auf den Weg zum Affenberg.

Drei Tage bereits war Wang-Sjang dem vor ihm her tanzenden und sich abrollenden Knäuel gefolgt, als er endlich den Affenberg erblickte. Er stieg den Berg hinan und versteckte sich im Gestrüpp, um sich erst einmal umzusehen. Wo er auch hinschaute, überall tummelten sich Affen – Affen, die von Baum zu Baum sprangen, Affen, die fraßen, die spielten und allerlei Unfug trieben. Auf einem der Bäume hing eine Trommel, die von ein paar kräftigen Affen bewacht wurde.

Wang-Sjang befolgte den Rat seiner jüngsten Schwägerin und sprang in eine Grube, die sich in der Nähe befand, wälzte sich darin herum und kam, völlig mit Lehm bedeckt, wieder heraus. Dann setzte er sich auf einen Stein, um die Lehmkruste trocken werden zu lasssen. Bald hatten ihn die Affen entdeckt und rannten auf ihn zu. Sie hielten ihn für einen Lehmgott, betasteten ihn ehrerbietig und huldigten ihm als ihrem Herrn und Gebieter. Nachdem sie ihm gebührend Ehre erwiesen hatten, führten sie ihn zum Baum, wo die Himmelstrommel hing, und verneigten sich abermals tief vor ihm. Sie pflückten Früchte von den Bäumen und legten sie ihm demutsvoll zu Füßen. Einer der Affen lief davon, um dem Affenkönig den hohen Besuch anzukündigen. Der Affenkönig erschien bald.

壬申新春滿川汪溶寫

Sein Kopf war mit bunten Federn geschmückt, und auf seinem Schwanz glänzte ein wunderschöner Smaragd.

»Laßt mich allein mit dem Gebieter!« befahl er.

Als die Affen sich entfernt hatten, warf sich der Affenkönig vor Wang-Sjang nieder.

»Oh, allmächtiger Herr, womit habe ich deinen Besuch verdient? Bist du etwa zur Erde herabgestiegen, um mich zum Himmel emporzuführen?«

»So ist es, fürwahr!« erwiderte feierlich Wang-Sjang. »Steig in den Sack und komm mit!«

Gehorsam sprang der Affenkönig in den Sack hinein, den Wang-Sjang flugs zuschnürte und an den Baum hängte. Dann holte er die Trommel herunter und lief davon.

Auf die Hilferufe ihres Königs kamen die Affen herbeigelaufen und befreiten ihn aus dem Sack.

»Wir haben diesen Schwindler für einen Gott gehalten!« schrie der Affenkönig. »Seht, er hat die Himmelstrommel gestohlen! Los, hinter ihm her!«

Kreischend stoben die Affen davon und nahmen die Verfolgung auf. Der Abstand zwischen Wang-Sjang und den Affen wurde immer geringer. Vor Furcht, daß sie ihn einholen könnten, warf er die Schärpe, die ihm die zweitälteste Schwägerin gegeben hatte, hinter sich. Augenblicklich ergoß sich ein reißender Strom, der den Verfolgern den Weg versperrte. Die Affen sprangen hinein und schwammen auf das andere Ufer hinüber. Dann setzten sie die Verfolgung fort. Als sie schon recht nahe an Wang-Sjang herangekommen waren, warf er die Nadel, die er von der drittältesten Schwägerin bekommen hatte, hinter sich. Da sprang mit einemmal ein Felsen mit messerscharfen Zacken empor, der die Affen zum Stehen zwang. Aber auch das war kein unüberwindliches Hindernis für sie. Wang-Sjang war am Ende seiner Kräfte. Schnell holte er aus seiner Tasche den Datelkern heraus, den er von der fünftältesten Schwägerin erhalten hatte, und warf ihn im Bogen hinter sich. Und im Nu war aus dem Kern ein ganzer Hain vön Dattelbäumen emporgeschossen. Der reißende Strom und die zackigen Felsen waren keine wirklichen Hindernisse für die Affen gewesen, aber auch nicht einer von ihnen konnte den verlockenden Früchten widerstehen. Auf einmal war alles vergessen – Wang-Sjang, der Affenkönig, selbst die Himmelstrommel. Sie kletterten in aller Hast auf die Dattelbäume und begannen die goldbraunen, süßen Früchte zu verzehren.

So war nun Wang-Sjang glücklich den Affen entkommen und kehrte in den Palast zurück, wo ihn bereits die älteste seiner Schwägerinnen erwartete.

»Ich habe dir Watte mitgebracht. Stopf deine Ohren damit zu, ehe du zu unserem Vater gehst!« sagte sie. »Er will dich nämlich mit einem Schlag auf die magische Trommel vernichten!«

Tückisch lächelnd empfing der alte Zauberer die Trommel und sagte:

»Ich werde dir den wunderbaren Klang der Himmelstrommel vorführen!« Und darauf schlug er mit einem Stock so heftig auf die Trommel, daß der ganze Palast erzitterte und die Dächer einzustürzen drohten.

»Ich habe nichts gehört, Väterchen!« rief Wang-Sjang. »Du bist offenbar schon zu alt geworden und hast nicht mehr Kraft genug. Laß mich einmal trommeln.«

Wang-Sjang's Schlag war so mächtig, daß der Himmel erzitterte und die Erde zu beben begann. Die dicken Mauern des Kerkers stürzten ein, und auf dem Rücken ihres treuen Freundes, des Hirsches, kam Si-Dse angeritten. Der alte Zauberer aber lag stocksteif da, und alles Leben war aus ihm gewichen. So hatte er durch seine eigene Bosheit sich selbst vernichtet.

Gemeinsam mit dem Hirsch stiegen Wang-Sjang und Si-Dse wieder zur Erde hinab. Bald folgten ihnen Si-Dse's Schwestern, die auch fleißige Jünglinge heirateten, und alle lebten sie fortan glücklich miteinander unter den Menschen.

Der Herrscher von Jün-Ti-Schan

Diese Geschichte ereignete sich vor vielen, vielen Jahren. Damals lebten die Menschen in kleinen, dunklen Hütten. Sie trugen Kleider aus Fellen oder aus Baumrinde. An den langen Winterabenden zündeten sie Kienspäne an, um Licht in die Finsternis ihrer Hütten zu bringen.

Zu jener Zeit lebte ein alter Mann mit seinem Sohn Tun-jü und seiner Tochter Mjän-hua. An einem Winterabend saßen die drei beisammen in ihrer Hütte. Der Vater flocht Körbe, der Sohn gerbte die Haut einer Bergziege, und die Tochter nähte ein paar Felle zusammen. Ihre Augen tränten von dem beißenden Rauch des brennenden Spans.

»Wie schön wär's, wenn der Mond genauso hell scheinen würde wie die Sonne«, sagte Tun-jü.

»Noch schöner wär's, wenn er wie die Sonne auch noch Wärme ausstrahlen könnte« sagte Mjän-hua und seufzte.

Da sprach der Vater:

»Ich weiß nicht, wie wahr die Geschichte ist. Aber, so sagt man, sehr weit von hier soll es einen gewaltigen Berg geben. Die Spitze dieses Berges soll den Himmel berühren. Weiße

Wolken bedecken stufenförmig seine Hänge, darum nennt man ihn auch Jün-Ti-Schan – den Berg der Wolkenleiter. Auf diesem Berg, heißt es, lebt der Herrscher aller Bäume, Sträucher und Gräser. Sein langer weißer Bart ist so lang, daß er über die Felsen bis zum Tal hinunterhängt. Außerdem erzählt man, daß der Mond, wenn er die Spitze des Bergs erreicht hat, gern mit dem Herrscher spielt. Er schaukelt auf seinem Bart hin und her, oder er rollt auf ihm ins Tal hinunter. Nun denkt einmal, wenn der Herrscher aller Bäume, Sträucher und Gräser mit dem Mond so gut befreundet ist, könnte er ihn doch bitten, mehr Licht und Wärme auszustrahlen. Wer weiß, vielleicht würde der Mond auf ihn hören.«

»Ich gehe zu dem Herrscher und bitte ihn darum«, sagte Tun-jü entschlossen.

Der Vater erschrak. »Nein, mein Sohn. Das darfst du nicht tun. Der Weg zum Jün-Ti-Schan ist unendlich lang. Unterwegs könnte dir etwas zustoßen. Geh nicht fort.«

Tun-jü wollte nichts von Gefahren hören, verabschiedete sich von seinem Vater und seiner Schwester und machte sich sogleich auf den Weg.

Nach einem Jahr mühsamen Wanderns erblickte Tun-Jü eines Tages einen mächtigen Berg, dessen Spitze über die Wolken hinaus hoch in den Himmel ragte. Auf seinen Hängen schwebten stufenförmig weiße Wolken.

»Ich habe ihn gefunden. Das ist Jün-Ti-Schan!« schrie er vor Freude.

Er ruhte sich ein wenig aus und begann alsdann, den steilen Berg zu erklimmen. Gegen die Mittagsstunde erreichte er eine Stelle, wo der Felsen so glatt war, daß er sich nirgendwo mehr festhalten konnte, um höher zu steigen. Rechts von ihm lag eine tiefe Schlucht, und auf der linken Seite war ein Wasserfall. Merkwürdig, warum rauscht das Wasser nicht?

dachte er. Er kletterte hin zum Wasserfall, und als er dort angekommen war, sah er zu seinem Erstaunen anstatt eines über die Felsen herabstürzenden Wasserschwalls einen langen weißen Bart.

Das ist ja der Bart des Herrschers aller Bäume, Sträucher und Gräser, dachte Tun-jü. Wenn es schon keinen anderen Weg gibt, höher zu kommen, werde ich mich an dem Bart festhalten und weiterklettern. Hoffentlich verärgere ich den Herrscher nicht.

Nachdem er sich an dem Bart hinaufgezogen hatte, fand er sich plötzlich einem alten Mann gegenüber, der auf einem Stein saß.

»Bist du's gewesen, der den ganzen Tag an meinem Bart gezupft hat?« fragte der alte Mann.

»Verzeih mir, Herrscher aller Bäume, Sträucher und Gräser«, sagte Tun-jü. »Es gab leider keine andere Möglichkeit, dich in dieser Höhe zu erreichen. Ich bin gekommen, weil ich deine Hilfe brauche.«

»Wie kann ich dir helfen?« fragte der Alte.

»Gütiger Herrscher, hilf den Menschen. Sie leiden an Kälte und Finsternis. Sprich bitte mit dem Mond. Sag ihm, er soll jede Nacht, wenn er am Himmel erscheint, der Erde Licht und Wärme bringen, wie es die Sonne tut.«

»Gut, mein Sohn, ich werde ihn darum bitten«, versprach der alte Mann.

Die Sonne verschwand hinter dem Horizont. Am klaren Himmel leuchteten die Sterne. Der Mond ging auf. Als er dann über dem Jün-Ti-Schan hing, erhob sich der Alte von seinem Platz, wickelte sich seinen Bart um den Hals und ging zum Mond. Tun-jü beobachtete, wie sich der Herrscher aller Bäume, Sträucher und Gräser auf die Fußspitzen stellte und sich flüsternd mit dem Mond unterhielt. Nach einer Weile kehrte er zurück und setzte sich wieder auf seinen Platz.

遠山明煙霧長堤迴郭依
心畬

»Schlecht steht die Sache, mein Sohn. Der Mond kann dir nicht helfen. Er sagte mir, daß einzig und allein die Sonne für Licht und Wärme zuständig ist.«

Tun-jü war untröstlich.

»Kein Grund, traurig zu sein«, sagte der Alte. »Auch ohne den Mond können die Menschen mehr Licht und Wärme haben, nur müßte einer von ihnen dafür sein Leben hergeben. Dann hätten sie selbst einen kleinen Mond in ihren Hütten. Geh und such solch einen Menschen, und wenn du ihn gefunden hast, bring ihn zu mir.«

»Warum sollte ich ihn erst suchen gehen? Ich bin selbst bereit, jedes Opfer zu bringen.«

»Gut, wenn du einverstanden bist, soll dein Wunsch in Erfüllung gehen.«

Als Tun-jü sich in Gedanken von seinem kurzen, glücklichen Leben mit seinem Vater und seiner Schwester verabschiedet hatte, standen seine Augen voller Tränen. Eine der Tränen fiel auf die Erde und wurde ein Samen. Der Herrscher hob den Samen auf und übergab ihn Tun-jü.

»Wenn du deine Meinung nicht geändert hast, dann schluck ihn hinunter«, sagte er.

Tun-jü tat es und verwandelte sich augenblicklich in einen Baum mit großen, saftigen Blättern. Bald blühte der Baum, und als die Blüten abgefallen waren, reiften an den Zweigen Früchte, die Tungöl enthielten.

Vergeblich warteten Tun-jü's Vater und die Schwester auf seine Rückkehr.

»Vater, was wohl mit Tun-jü geschehen sein mag?« sagte eines Tages Mjän-hua. »Jetzt werde ich zum Herrscher aller Bäume, Sträucher und Gräser gehen und ihn fragen, ob Tun-jü bei ihm gewesen ist.«

»Geh nicht fort, Töchterchen«, bat der Vater inständig. »Unendlich weit, gefährlich und mühsam ist der Weg zum Jün-Ti-Schan. Unterwegs mußt du vieles entbehren. Wenn es einem starken Mann wie deinem Bruder nicht gelungen ist, den Berg zu finden, wirst du, mein Kind, ihn erst recht nicht finden können.«

»Verzeih mir, Vater«, sagte Mjän-hua ernst. »Ich war dir immer eine gehorsame Tochter. Dieses Mal aber darf ich mich dir nicht fügen. Ich kann nicht anders, denn mein Herz befiehlt mir hinzugehen. Ich werde meinen Bruder so lange suchen, bis ich ihn gefunden habe. Dann kehren wir gemeinsam zu dir zurück.«

Auch Mjän-hua war ein ganzes Jahr unterwegs, bis sie zum Herrscher aller Bäume, Sträucher und Gräser gelangte.

»Sei gegrüßt, Töchterchen! Weshalb bist du zu mir gekommen?« fragte der alte Mann.

»Ich suche meinen Bruder«, erwiderte Män-hua.

»Deinen tapferen Bruder kenne ich. Sein Wunsch, den Menschen zu helfen, war so groß, daß er hier geblieben ist. Siehst du dort den Tungbaum? Das ist dein Bruder.«

Mjän-hua stürzte auf den Baum zu, umarmte ihn und streichelte seine rauhe Rinde.

»Ich bin's, Mjän-hua, hörst du mich, Bruder?« rief sie schluchzend. Und sich an den Herrscher wendend, schrie sie wutentbrannt:

»Du alter böser Mann! Warum hast du meinen Bruder in einen Baum verwandelt?«

»Zürne mir nicht, Töchterchen. Es war sein eigener Wunsch. Der Mond sagte mir, es sei nicht seine Aufgabe, die Erde mit Licht und Wärme zu versorgen. Darum fragte ich deinen Bruder, ob er bereit wäre, sich in einen Tungbaum zu verwandeln. Das ist kein gewöhnlicher Baum, denn seine

Früchte tragen Öl. Mit diesem Öl werden die Menschen ihre finsteren Hütten erhellen.«

»Vergib meinen Zorn. Mein Bruder ist zu beneiden. An seiner Stelle hätte ich auch nicht gezögert, mein Leben hinzugeben, um den Menschen zu helfen.«

»Dein Wunsch soll in Erfüllung gehen«, antwortete der Alte.

Er riß ein Haar aus seinem Bart aus und wickelte es um Mjän-hua. Augenblicklich verwandelte sich das Mädchen in einen Strauch mit weißen Baumwollflocken.

Traurig saß der alte Vater in seiner dunklen, kalten Hütte und wartete auf die Rückkehr seiner Kinder. Eines Tages hielt er es nicht mehr aus und machte sich selbst auf den Weg zum Jün-Ti-Schan. Nach langem Umherirren fand er endlich den hoch in den Himmel ragenden Berg. Am Berghang sah er einen Baum, der seine Zweige ihm entgegenstreckte, und einen Strauch, auf dem Baumwollflocken tanzten. So begrüßten Mjän-hua und Tun-jü ihren Vater. Da hörte er plötzlich die Stimme des Herrschers aller Bäume, Sträucher und Gräser, der ihm von dem Opfermut seiner Kinder erzählte.

»Wenn du möchtest, verwandele ich auch dich in einen Baum, dann kannst du für immer bei deinen Kindern bleiben.«

»Wenn ich jetzt bei meinen Kindern bliebe, wäre ihr Opfer ganz umsonst gewesen. Darum muß ich nun den Menschen die Samen des Tungbaums und des Baumwollstrauchs bringen. So werden sie für alle Zeiten befreit sein von Finsternis und Kälte. Hell wird das Öl in ihren Hütten leuchten, und aus der Baumwolle werden sie sich warme Kleider nähen.«

Die Macht der Tränen

In der Tschin-Dynastie, vor mehr als zweitausend Jahren, regierte in China der Kaiser Schi-Huang, der kaltherzig, hart und grausam zu seinen Untertanen war. Um die nördlichen Grenzen seines Reiches vor Feinden zu schützen, befahl er seinen Soldaten, im ganzen Land Männer zusammenzutreiben, die einen Schutzwall für ihn errichten sollten. In zerfetzten Kleidern, mit knurrendem Magen schleppten sie Tag und Nacht Erde und Steine herbei. Wenn einer von ihnen wagte, über die kargen Mahlzeiten oder über Erschöpfung zu klagen, wurde er von den Aufsehern ausgepeitscht und mit Füßen getreten. Kein Wunder, daß viele von ihnen starben.

Unter den zahlreichen Fronknechten, die an der Großen Mauer arbeiteten, war auch ein junger Mann namens Fan Hsi-ljang. Soldaten waren nachts in sein Haus eingedrungen und hatten ihn gewaltsam von seiner jungen, hübschen Frau Meng Dschjang-nü getrennt. Mit vielen anderen Unglücklichen wurde er unter strengster Bewachung der Soldaten Seiner Majestät zu einer Baustelle an der Großen Mauer getrieben. Seit seiner Verschleppung hatte Meng Dschjang-nü nichts mehr von ihrem Mann gehört.

Als der Frühling gekommen war und die Vögel wieder singend ihre Nester zu bauen begannen, überkam Meng Dschjang-nü eine unwiderstehliche Sehnsucht nach ihrem Mann. Sie weinte Tag und Nacht und verfluchte den verhaßten Kaiser, der ihr den Mann geraubt hatte.

Inzwischen hatte es sich in ihrem Dorf herumgesprochen, daß alle Männer, die von den Soldaten in jener Nacht weggeschleppt worden waren, an einem Abschnitt der Großen Mauer, hoch im Norden, wo es bitter kalt sei, schuften müßten. Meng Dschjang-nü wollte schier das Herz brechen, als sie die böse Nachricht vernahm. Sogleich begann sie warme Kleider und Schuhe für ihren Mann zu nähen. Nur wußte sie nicht, wem sie die warmen Sachen mitgeben sollte. Lange überlegte sie hin und her, und schließlich faßte sie sich ein Herz und machte sich selbst auf den Weg, um ihrem Mann die warmen Sachen zu bringen.

An einem düsteren Herbsttag verließ Meng Dschjang-nü ihr Dorf. Trostlos sahen die abgeernteten Felder und die entlaubten Bäume aus. Sie kam sich hilflos und einsam vor, zumal sie vorher ihr Dorf noch nie verlassen hatte.

Eines Abends verirrte sie sich auf dem Weg zu einer Stadt, wo sie in einer Herberge übernachten wollte. Weit und breit war kein Haus zu sehen; nur ein halbverfallener Tempel stand an der Landstraße. Sie trat in die verlassene Tempelhalle, legte sich auf eine Steinplatte hin und schlief vor lauter Müdigkeit auf der Stelle ein. Im Traum sah sie ihren Mann, wie er ihr auf einer einsamen Straße entgegenkam. Doch als er herangekommen war, da war es ihr mit einemmal, als stünde ein anderer vor ihr – nicht der fröhliche Fan Hsi-ljang, den sie so gut kannte. Ein ausgemergelter Mann war das, mit tief eingesunkenen Augen und schmerzverzogenem Mund. Mit stockender Stimme sagte er ihr, daß er Fan Hsi-ljang sei, doch bereits dem Reich der Toten angehöre. Als Meng

Dschjang-nü am nächsten Morgen aufwachte, fiel ihr sofort der sonderbare Traum ein. Erst weinte sie leise vor sich hin, dann aber raffte sie sich zusammen und setzte ihren Weg fort. Sie hatte wieder Zuversicht gewonnen, daß sie ihren Mann doch bald finden werde.

Nach unsäglich mühevollem Wandern kam Meng Dschjang-nü eines Abends erschöpft und hungrig in ein tiefes Tal. Der Himmel war grau, und von Norden her blies ein eisiger Wind. Vergebens suchte sie ein Bauernhaus zu finden, wo sie die Nacht verbringen könnte. Es war schon zu dunkel, um weiterzugehen. In ihrer Verzweiflung häufte sie ein bißchen Laub zusammen und machte sich auf dem weichen Moos des Waldbodens ein Lager zurecht. Als sie am Morgen die Augen aufschlug, sah sie, daß alles ringsum weiß glitzerte: Schnee war in der Nacht gefallen. Fröstelnd blickte sie zum Himmel empor. Da kam ein Rabe angeflogen und ließ sich vor ihr nieder. Zutraulich näherte er sich ihr, krächzte zweimal und flog fort. Bald aber kam er zurück, und wieder krächzte er zweimal. Wenn es auch nur ein Rabe war, so war es doch immerhin ein Lebewesen, ein Wesen aus Fleisch und Blut in dieser toten, öden Einsamkeit. Und irgendwie schien es der Frau, als ob der Rabe nicht zufällig zu ihr geflogen sei. Wollte er ihr vielleicht den Weg weisen, den Weg zu ihrem Mann an der Nordgrenze? Bei diesem Gedanken kehrten ihre Kräfte zurück, und frohen Muts folgte sie in der Richtung, in die der Rabe geflogen war.

Wieder waren viele Tage vergangen, da erblickte Meng Dschjang-nü endlich die Große Mauer, die sich wie eine riesige Schlange über Berge und Täler dahinwand.

Mit bangem Herzen ging Meng Dschjang-nü die Mauer entlang. Elendsgestalten sah sie überall, abgerackerte Männer mit fahlen, hohlwangigen Gesichtern und vor Hunger stierenden Augen, am ganzen Körper zitternd. Auch Tote lagen dort

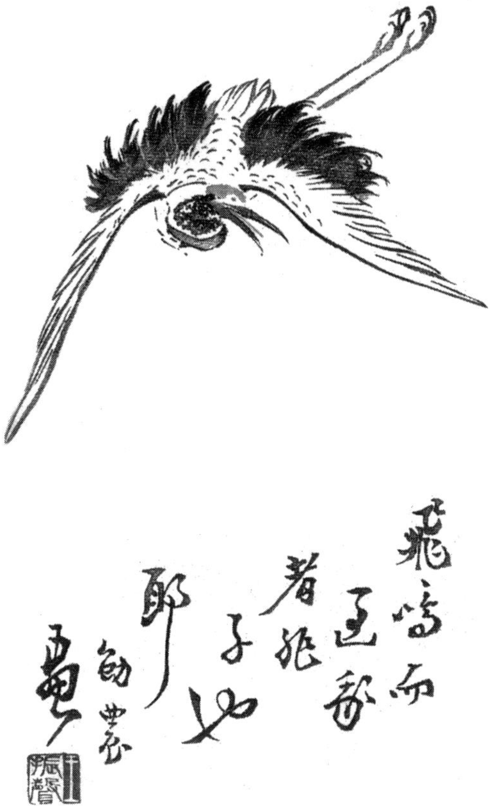
飛鳴而過我者非子也耶

unbestattet, um die sich keiner kümmerte. Immer wieder fragte sie nach ihrem Mann, aber keiner wußte von ihm.

Nach langem Suchen erblickte Meng Dschjang-nü endlich einen Mann aus ihrem Dorf, den sie kannte. Von ihm erfuhr sie die bittere Wahrheit. Fan Hsi-ljang war unter der Last der schweren Arbeit zusammengebrochen und auf Geheiß der unbarmherzigen Aufseher zusammen mit Lehm und Steinbrocken unter der Großen Mauer verscharrt worden. Ohnmächtig sank sie zu Boden. Als sie wieder zu sich kam, weinte sie tagelang so herzzerreißend, daß die Männer ihr eigenes Leid vergaßen und mit ihr um ihren Mann trauerten. Da geschah ein großes Wunder. Ein fürchterlicher Sturm erhob sich und wirbelte Erde und Steine durcheinander. Die Mauer begann zu schwanken, und plötzlich sackte sie mit Donnergetöse auf einer Länge von zweihundert Meilen in sich zusammen.

»Meng Dschjang-nü's Schmerz hat die Große Mauer gestürzt«, sagten alle. »Stärker ist der Schmerz eines reinen Herzens als der gewaltigste Bau, von einem Tyrannen errichtet.«

Als der Kaiser erfuhr, daß seine Große Mauer geborsten war, wollte er unbedingt die Frau sehen, die das vollbracht hatte. So eilte er mit seinem Gefolge von der Hauptstadt herbei, um sie mit eigenen Augen zu sehen. Ihre Schönheit bezauberte ihn. Sogleich wollte er sie zu seiner Konkubine machen. Meng Dschjang-nü aber, die den Kaiser aus tiefster Seele haßte, wußte gar wohl, daß sie nur mit einer List ihrem Schicksal entrinnen konnte. So sagte sie scheinbar freundlich:

»Wenn Eure Majestät mir drei Wünsche erfüllt, so bin ich gern bereit, Eure Dienerin zu werden. Ich bitte nur darum, daß mein verstorbener Mann in einem goldenen Sarg begraben werde, daß alle Minister und Generäle Eurer Majestät ihm die letzten Ehren erweisen und daß Eure Majestät selbst in Trauerkleidung ihn zu seiner letzten Ruhestatt geleiten möge.«

Da der Kaiser von Meng Dschjang-nü's feenhafter Schönheit so sehr entzückt war, willigte er ein, alle ihre drei Wünsche zu erfüllen.

Nachdem ihr Gatte, wie sie es gewünscht hatte, in allen Ehren bestattet worden war, kniete sie an seinem Grab nieder und brach schluchzend in die Totenklage aus. Mit einemmal sprang sie auf, rannte, so schnell sie nur konnte, zum Fluß, der unweit des Grabs vorüberfloß, und stürzte sich hinein. Bleich vor Wut, befahl der Kaiser, Meng Dschjang-nü sofort aus dem Fluß herauszuholen. Diese aber hatte sich bereits in einen silbernen Fisch verwandelt, der vor den zornfunkelnden Blicken des Kaisers allmählich in den blaugrünen Tiefen verschwand.

Der Trank der Unsterblichkeit

Zur Zeit des Mittherbstfestes, das nach dem Mondkalender auf den fünfzehnten Tag des achten Monats fällt, scheint der volle Mond besonders hell. Sanft schimmert sein Licht über Städten, Dörfern, Feldern und Wäldern. Im Volksmund sagt man, daß auf dem Mond eine Göttin namens Tschang-E im Guang-Han-Gung – im Palast der Ewigen Kälte – wohnt. Ihr trauriges Schicksal rührt die Herzen der Menschen bis heute.

Als Tschang-E sieben Jahre alt war, fiel ein Tiger ihre Mutter an und fraß sie auf. Ein paar Jahre später wurde das Land von einer großen Dürre heimgesucht. Zehn Sonnen brannten gleichzeitig unbarmherzig auf die Erde nieder und erzeugten eine unerträgliche Hitze. Die Bäume und Gräser verdorrten, die Erde bekam tiefe Risse, und die Flüsse trockneten aus. Schon seit einigen Tagen hatten Tschang-E und ihr Vater keinen Tropfen Wasser mehr zu trinken. Verzweifelt suchte der Vater in den Bergen nach einer Quelle, die noch

Wasser spendete, aber er fand keine. Müde schleppte er sich weiter und kam endlich an eine Stelle, wo aus einem Felsenspalt ein wenig Wasser tröpfelte. Er hielt seine Bambusschale darunter, und als sie sich gefüllt hatte, eilte er sogleich nach Hause zu seiner Tochter.

Als der Vater seiner Tochter die Schale reichte, fielen ihr seine trockenen, aufgesprungenen Lippen auf. Da wußte sie, daß er selbst noch keinen Tropfen getrunken hatte.

»Vater, ich bin nicht so durstig, trink du lieber erst«, sagte sie. »Wenn du morgen wieder nach Wasser gehst, brauchst du Kraft.«

Der Durst aber quälte Tschang-E so sehr, daß sie ohnmächtig wurde. Da hielt der Vater die Schale an ihre Lippen. Noch ganz benommen von ihrer Schwäche, kostete sie von dem köstlichen Naß, und ohne daß sie es wollte, leerte sie die Schale auf einen Zug. Dann sank sie hin und fiel in einen tiefen Schlaf.

Als sie wieder erwachte, fand sie zu ihrem Entsetzen ihren Vater tot auf dem Boden liegen.

Mittlerweile hatte den Himmel die Nachricht von der schrecklichen Dürre erreicht. Der Himmelsherr sandte den tapferen Ho-I zur Erde hinab, um den Menschen zu helfen.

Als Ho-I mit seinem roten Zauberbogen und einem Köcher voll weißer Pfeile die Erde betrat, sah er mit eigenen Augen, was für entsetzliche Qualen die Menschen erleiden mußten. Sein Herz krampfte sich vor Mitleid zusammen. Sogleich spannte er seinen Bogen und schoß nacheinander neun der zehn Sonnen vom Himmel herunter. Die Hitze ließ nach. Es wurde zwar kühler, aber der ausgedorrten Erde fehlte es nach wie vor an Wasser. So wandte sich Ho-I an den Regengott und bat ihn um Regen. Nachdem es ein paar Tage ununterbrochen in Strömen geregnet hatte, füllten sich die Flüsse wieder mit Wasser, die Bäume bekamen frische Blätter, und allmählich bedeckten sich auch die Wiesen wieder mit grünem Gras. Die Blumen begannen zu blühen, und die Vögel sangen wieder frohe Lieder. Die Menschen dankten Ho-I für seine gute Tat und baten ihn, sie nie zu verlassen. Der gutmütige Ho-I ließ sich überreden und kehrte nicht mehr in den Himmel zurück.

Eines Tages, als Ho-I von der Jagd heimkehrte, sah er am Flußufer ein schönes Mädchen, das dort ihre Bambuseimer mit Wasser füllte. Auf dem Rückweg zum Dorf holte er sie ein und bat sie um einen Trunk.

»Trinkt doch nur, soviel Ihr wollt«, sagte die Schöne, die keine andere als Tschang-E war.

Gleich waren ihr der rote Bogen und die weißen Pfeile, die aus dem Köcher hervorlugten, aufgefallen. Das muß wohl unser Retter sein, dachte sie im stillen. Um ihm Dank für seine große Tat zu erweisen, pflückte sie eine Blume und überreichte sie Ho-I. Er wiederum schenkte dem hübschen Mädchen das schönste Fell, das er den auf der Jagd erbeuteten Tieren abgezogen hatte.

Unterwegs zum Dorf fragte Ho-I, wie es ihr und den Dorfbewohnern nun gehe, nachdem sie die Dürre überlebt hatten.

»Unser Dorf liegt dicht am Fuße der Berge und ist rings von Wäldern umgeben. So geschieht es Jahr um Jahr, daß Leute unseres Dorfs den wilden Tieren zum Opfer fallen.« Schluchzend erzählte Tschang-E ihm auch von dem schrecklichen Tod ihrer Eltern. Im Dorf verkündete sie allen, daß ihr Begleiter der große Held sei, der sie von der Dürre befreit hatte. Ihm zu Ehren veranstalteten die Dorfbewohner ein großes Fest, das mehrere Tage währte. Sie sangen Dankeslieder zu seinem Ruhm, und schließlich baten sie ihn, für immer bei ihnen zu bleiben und sie vor den wilden Tieren zu schützen. Auch diesmal ließ er sich überreden.

Ho-I ließ sich im Dorf nieder, baute ein Haus und ging oft auf die Jagd. Auch half er Tschang-E bei der Feldarbeit und versorgte sie mit Holz und Wasser. Er war glücklich, in ihrer Nähe sein zu dürfen. Es war schon lange kein Geheimnis mehr im Dorf, daß das junge Paar sich liebgewonnen hatte; und so heirateten sie und waren sehr glücklich miteinander.

Ho-I's Heirat mit einem irdischen Mädchen kam auch bald dem Himmelsherrn zu Ohren. Sogleich befahl er Ho-I, in sein Reich zurückzukehren. Ho-I aber lehnte ab, denn das Leben auf der Erde gefiel ihm besser als das im Himmel. Seine Unbotmäßigkeit verärgerte den Himmelsherrn so sehr, daß er ihn zur Sterblichkeit verdammte.

»Die Jahre eines Sterblichen sind gezählt«, sprach der Himmelsherr zu Ho-I. »Er mag siebzig, achtzig oder gar hundert Jahre alt werden, aber eines Tages geht sein Leben zu Ende. Im Himmel hingegen hättest du ewig leben können.«

Eines Tages sagte Ho-I zu seiner Frau:

»Ich hörte, daß eine mächtige Fee, die Königin des Westens, die im Kun-Lun-Gebirge wohnt, einen Zaubertrank besitzt, der unsterblich macht. Warum bitten wir sie nicht darum? So könnten wir auch ohne die Gnade des Himmels ewiges Leben erlangen.«

Ach, wie schön wäre das! dachte Tschang-E. Freudig blickte sie ihren Mann an. Dann würden wir unsterblich sein wie die Feen und könnten für immer und ewig zusammenbleiben.

Doch gleich darauf befielen sie Zweifel. Wußte doch keiner so recht, wo sich das Kun-Lun-Gebirge befand und wie weit es bis dorthin war. Und dann wollte sie auch nicht für so lange Zeit von ihrem Mann getrennt sein. Doch Ho-I's Entschluß stand fest, und der jungen Frau blieb nichts übrig, als ihn ziehen zu lassen. Traurigen Herzens bereitete sie alles für die lange Reise vor.

Viele Monate waren vergangen, als Ho-I auf dem Weg zum Kun-Lun-Gebirge an einen seltsamen Fluß gelangte, auf dem sich nicht einmal ein Blatt halten konnte, ohne unterzugehen. Wie sollte er diesen Fluß überqueren? Da erinnerte er sich, gehört zu haben, daß in dieser Gegend ein Baum wachse, dessen Holz so leicht sei, daß es kaum das Wasser berühre. Kurz entschlossen eilte er in den Wald, und dort fand er auch bald einen Baum dieser Art. Sogleich fällte er ihn und baute sich aus dem Holz ein kleines Boot, mit dem er zum anderen Ufer hinüberruderte.

Noch eine Prüfung erwartete Ho-I auf dem Weg zur Königin des Westens. Er mußte einen Paß überschreiten, der von lohenden Flammen versperrt war. Auch von den Bergen ringsum loderten Brände zum Himmel. Da fiel ihm ein, daß er ein Fell bei sich trug, das weder Nässe durchließ noch Feuer fangen konnte. Er holte es aus seinem Sack und benutzte es als Schild, um sich gegen die Flammen zu schützen. Am Ende des Passes wartete ein blauer Vogel auf ihn, den die Königin des Westens ihm entgegengesandt hatte, um ihn im Kun-Lun-Gebirge willkommen zu heißen. Der Vogel geleitete Ho-I zum Jadepalast der Königin, die ihn freundlich aufnahm. Sie bewirtete den Reisemüden mit den leckersten Speisen und dem besten Wein.

Am nächsten Tag wurde ein Wettschießen veranstaltet, und Ho-I, der mit geschlossenen Augen jedes Ziel treffen konnte, setzte alle in Erstaunen. Bald fand Ho-I auch eine Gelegenheit, mit der Königin zu sprechen und ihr seine Bitte vorzutragen.

Die Königin willigte lächelnd ein. »Dieser Zaubertrank ist aus den Früchten des Ewigen Baumes gemacht, der einmal nur in dreitausend Jahren Früchte trägt«, erklärte sie ihm. »Ich habe nicht mehr viel davon, aber gerade noch genug, daß es reicht, dich und deine Frau unsterblich zu machen. Sollte aber nur einer von euch den Trank zu sich nehmen, wird er zwar auch unsterblich werden, doch er darf dann nicht mehr auf der Erde leben. Der Himmelsherr wird ihn zu sich in den Himmel holen.«

Ho-I dankte der Fee für die kostbare Gabe und verließ den Jadepalast. Einhundert Tage war er wieder unterwegs, bis er endlich sein Dorf erreicht hatte. Tschang-E war überglücklich, ihren Mann wiederzusehen.

»Hier ist der Zaubertrank, bewahre ihn gut auf. Wir werden ihn am Fünfzehnten des achten Monats bei Vollmond trinken«, sagte er frohgemut zu seiner Frau.

Vielen jungen Leuten brachte Ho-I die Kunst des Bogenschießens bei. Unter seinen Schülern war auch ein junger Mann namens Feng-Meng. Er war sehr ehrgeizig und neidete Ho-I sein großes Können. Wenn er doch nur sterben würde, dachte er, so wäre ich wohl der beste Bogenschütze in der Welt. Als er dann noch von dem Zaubertrank erfuhr, beschloß er, seinen Lehrer zu töten und ihm das Wundermittel zu entwenden.

Eines Tages ging Ho-I wieder auf die Jagd. Wie gewöhnlich gab Tschang-E ihrem Mann Mundvorrat und eine Kürbisflasche voll Wasser mit. Sie bat ihn, nicht zu spät nach Hause zu kommen.

An diesem Tag hatte Ho-I viel Glück. Er tötete drei Tiger, fünf Leoparden und sieben Schlangen. Wie spät es geworden war, merkte er erst, als der volle Mond am Himmel stand. Da erinnerte er sich, daß zwischen ihm und seiner Frau ausgemacht war, an diesem Abend das Wundermittel zu trinken. Er kehrte um und eilte nach Hause. Als er sich seinem Haus näherte, ahnte er nicht, daß der Tod auf ihn wartete.

Versteckt hinter einem Baum, lauerte Feng-Meng bereits den ganzen Tag auf Ho-I's Rückkehr. Als dieser, nichts ahnend, an dem Baum vorüberging, sprang Feng-Meng auf ihn zu und

戊寅孟春袁世楨

schlug ihm mit einem Knüppelhieb den Schädel ein. Ho-I brach blutüberströmt zusammen.

Nachdem Feng-Meng sich überzeugt hatte, daß sein Rivale tot war, rannte er zu dessen Haus und stieß die Tür mit dem Fuß auf. Tschang-E saß am gedeckten Tisch und wartete auf die Rückkehr ihres Mannes. Da stand plötzlich Feng-Meng mit blutbefleckten Händen und haßerfülltem Blick in der Tür.

»Was führt dich hierher in dieser späten Stunde?« fragte sie streng.

»Ich habe deinen Mann umgebracht. Jetzt gehört der Zaubertrank mir, und von nun an gehörst auch du mir. Wenn du dich weigerst ...«

Tschang-E zweifelte nicht, daß er sie jeden Augenblick erschlagen könnte. Sie griff nach dem Zaubertrank und schluckte ihn hinunter, ehe Feng-Meng sie daran hindern konnte. Dann nahm sie eine Schüssel vom Tisch und schleuderte sie Feng-Meng entgegen, und als dieser erschrocken beiseite sprang, huschte sie geschwind zur Tür hinaus.

»Faßt Feng-Meng! Er hat Ho-I ermordet!« schrie sie.

Feng-Meng wurde festgenommen und vom Rat der Dorfältesten zum Tode verurteilt. Man band ihn an den Baum, wo er Ho-I ermordet hatte. Ho-I's Schüler vollstreckten das Urteil mit ihren Pfeilen.

Alle Dorfbewohner trauerten mit Tschang-E um den Verlust ihres Retters und Beschützers. Da merkte Tschang-E plötzlich, als sie, in Tränen aufgelöst, vor dem Grab ihres Mannes stand, daß der Zaubertrank der Unsterblichkeit, den sie in aller Hast getrunken hatte, zu wirken begann. Ihre Füße lösten sich vom Boden. Sie fühlte sich unendlich leicht. Vor den erstaunten Blicken der Dorfbewohner schwebte sie allmählich höher und höher empor. Tschang-E weinte bittere Tränen und klagte laut ihr Leid dem Himmel und der Erde. Gerührt über das unsägliche Leid der jungen Frau, verdunkelte sich die Sonne. Himmel und Erde trauerten mit ihr. Höher und immer höher schwebte sie empor, bis sie den Mond erreicht hatte. Öde war es dort. Nur seltsame Zimtbäume waren hier und da zu sehen. Auch einen weißen Hasen fand Tschang-E auf dem Mond, der in einem Mörser Heilkräuter stampfte. Denn auch er sorgte sich um das Wohlergehen der Menschen. Mit dem weißen Hasen als Gefährten wohnt Tschang-E seither auf dem Mond und widmet sich in ihrer Sorge um die Menschen der Aufgabe, jeden Strahl des Mondscheins mit Freundlichkeit und Liebe zu erfüllen, um den Menschen Trost zu bringen.

Zur Umschrift

Bei der Wiedergabe chinesischer Wörter wurde in den Erzählungen eine möglichst große Annäherung des Lautwerts in der deutschen Umschrift angestrebt, um dem Leser ein ungefähres Gefühl für den Klang der chinesischen Eigennamen zu geben. Eine wirklich adäquate Wiedergabe der meisten chinesischen Lautwerte in unserer Schrift ist leider unmöglich – und noch viel weniger der Tonlagen der einzelnen Silben.

Anmerkungen

daoistischer Mönch: ein Mönch im Dienste des Daoismus, der Lehre vom Dao, einem kaum übersetzbaren chinesischen Begriff (etwa »Weg«, »ewige Ordnung«); der Daoismus ist eine religiös-mystische Weltanschauung, ihr Zentralbegriff ist das »wirkende Nichthandeln« (d.h. Handeln, aber niemals wider die Natur der Dinge); die ursprünglich tiefsinnige Lehre wurde später vulgarisiert; mit allerlei magisch-mystischen Mitteln (Beschwörung, Amulette Meditation u.a.) versuchte man in den Besitz des Dao zu gelangen und Unsterblichkeit zu erreichen; dazu trat ein üppig wuchernder Geister-, Wunder- und Zauberglaube; buddhistischer Einfluß führte u.a. zur Ausbildung eines daoistischen Mönchtums und einer eigenen Kirche.

Gaoliang: asiatische Getreideart

Grosse Mauer: auf über 4800 km geschätzte alte Verteidigungsanlage in Nordchina, die Ende des 3. Jh. v.u.Z. unter Einbeziehung älterer Vorwerke gegen nomadisierende Nordvölker errichtet wurde und in der Ming-Zeit (1368-1644) die bis heute erhaltene Gestalt bekam; sie ist das längste Bauwerk der Erde.

I-SCHAN-GEBIRGE: karge Berggegend im Bergland von Schandung, das südlich des Gelben Flusses aus der Nordchinesischen Ebene aufragt; höchste Erhebung ist mit 1032 Metern der I-schan.

KUN-LUN-GEBIRGE: sagenhaftes Gebirge im Westen Chinas; Sitz der »Königlichen Mutter des Westens«, einer mythischen Gestalt, die sich von einem tierähnlichen Ungeheuer allmählich in ein feenartiges Wesen verwandelt zu haben scheint; in vielen Legenden taucht sie als Verwalterin von Elixieren der Unsterblichkeit auf.

LOTOSBLUME: weiß- bis rosablütige Wasserrose Asiens und Australiens; ihre großen, schirmförmigen Blätter und ihre Blüten ragen an langen Stengeln aus dem Wasser; die Lotosblume spielt in der Kunst und Religion Chinas und anderer Völker als Motiv und Symbol eine bedeutende Rolle.

MAULBEERBAUM: Pflanze mit grobgezähnten, oft dreilappigen Blättern; der Schwarze Maulbeerbaum aus Vorderasien wird hauptsächlich der als Obst genutzten, brombeerähnlichen Früchte (Maulbeeren) wegen geschätzt; der Weiße Maulbeerbaum aus Ostasien ist Futterpflanze für die Seidenraupen.

MONDKALENDER: traditioneller chinesischer Kalender, der auch heute noch vor allem auf dem Lande neben dem Gregorianischen Kalender in Gebrauch ist; in diesem altchinesischen Kalender richten sich die Monate nach dem Mond; jedesmal zu Neumond beginnt ein neuer Monat; die Monate haben 29 oder 30 Tage; das Jahr beginnt im Januar oder Februar des Gregorianischen Kalenders.

Tschin-Dynastie: 221-206 v.u.Z.; unter der Tschin-Dynastie erfolgte die Wiedervereinigung Chinas unter einer festen Zentralgewalt (Kaiser Schih-Huang); auch der Bau der Großen Mauer fiel in die Zeit der Tschin-Dynastie; verstärkte Ausbeutung der Bauern und eine grausame Strafgesetzgebung waren Kennzeichen ihrer Herrschaft; durch Bauernaufstände wurden die Tschin gestürzt.

Tungbaum: Holzölbaum, der vor allem in tropischen Gebieten vorkommt und aus dessen Samenkernen ein ungenießbares Öl mit eigenartigem Geruch gewonnen wird, das hauptsächlich der Kerzenherstellung dient.

Verbotene Stadt: so hieß der Palast der chinesischen Kaiser im Zentrum von Peking, den niemand unbefugt betreten durfte und der auch mehr eine Stadt als ein Palast im europäischen Sinne ist, denn er besteht aus vielen großen Hallen, Häusern, Häusergruppen, Höfen, Straßen und Plätzen und ist von einer hohen Mauer und einem Wassergraben umgeben.

Zu den Illustrationen

Die Illustrationen in diesem Buch wurden drei Sammelbänden von Pinselzeichnungen berühmter chinesischer Maler aus der ersten Hälfte unseres Jahrhunderts entnommen. Zwei davon erschienen 1951 beziehungsweise 1955 in Beijing, einer – mit kargen und nicht sehr aufschlußreichen Einfügungen in Deutsch – 1957 in Dresden. Der Originaltitel aller drei Bände aber ist gleichlautend: *Rung-Bau-Dschai Hsin-Dschi Schih-Dschjän-Pu – Neues Album bemalten Briefpapiers mit Gedichten, herausgegeben von (dem Verlag) Rung-Bau-Dschai.*
Dünnes Briefpapier, sorgfältig bedruckt mit meist buntfarbigen Aquarellen wird in China sehr geschätzt. Natürlich wird so kostbares Papier nicht für den gewöhnlichen Briefverkehr benutzt. Von den meisten Käufern wird dieses relativ teure Briefpapier nur selten oder überhaupt nicht für praktische Zwecke verwendet; sie sammeln es als Liebhaber, wie man eben schöne Dinge sammelt.
Das Binom *Schih-Dschijän* in dem oben angeführten chinesischen Buchtitel bedeutet wörtlich Poesie-Papier. Ich habe während meines langjährigen Aufenthalts in China zu feierlichen

Anlässen mehrmals von chinesischen Freunden Gedichte – selbstverfaßte oder kopierte – in feinster Kalligraphie niedergeschrieben auf solchem Papier erhalten. Der Grund aber, warum diese Art von Briefpapier »Poesie-Papier« genannt wird, ist ein anderer. Wie bei nahezu allen chinesischen Bildern im klassischen Stil finden wir auch auf diesen kostbaren Briefbogen zusätzlich zu den Bildern ein Gedicht oder eine oder mehrere poetische Zeilen – oder zumindest den Namen des Künstlers mit dem Abdruck seines Siegels.
Jeder chinesische Maler muß auch ein guter Kalligraph sein, denn die Grundlage der chinesischen Malerei ist die Kalligraphie. Die Pinselführung des Kalligraphen ist im wesentlichen auch die des Malers. So gibt es kaum einen Maler von Format, der nicht zugleich ein ausgezeichneter Kalligraph ist. Beide wiederum, Maler und Kalligraph, sind im Verlauf ihrer Erziehung im klassischen Stil zwangsläufig in so große und dauerhafte Nähe zur Poesie geraten, daß sie auch die Sprache der Dichtkunst beherrschen. Die geistige Konzeption eines chinesischen Bildes beruht auf einer poetischen Vorstellung als Ausgangspunkt, die sich mit Hilfe kalligraphischer Mittel in ein Gemälde verwandelt. Die vom Künstler in der für ihn charakteristischen Kalligraphie hinzugefügten Gedichtzeilen haben dabei eine dreifache Funktion. Sie erzielen in ihrer Relation zu dem Gemälde eine harmonisch ausgleichende Wirkung in der Raumverteilung; sie erfreuen den Betrachter durch die Schönheit und Kraft der Kalligraphie; und sie bieten dazu auch noch das intellektuelle Vergnügen eines literarischen Zugangs zu dem ästhetischen Genuß des Geschauten.
Die Sammlung und Publikation von »Poesie-Papier« verdanken wir der Anregung und den Bemühungen des auch im Westen bekannten chinesischen Schriftstellers Lu Hsün (1881-1936) und des großen Literaten und Gelehrten Dscheng Dschen-do (1898-1958). Letzterer schreibt im Vorwort zur

Ausgabe von 1951, daß Lu Hsün und er bereits um 1933 begannen, Material dieser bisher vernachlässigten Kleinkunstwerke zu sammeln. Unter den etwa dreißig Kunstverlagen im damaligen Be-Ping (das jetzige Beijing oder Peking) zeigte der Verlag Rung-Bau-Dschai (Werkstatt kostbarer Kunst) sogleich großes Interesse für das Projekt und begann auch bald danach mit der Herausgabe von Sammelbänden. In der Ausgabe von 1955 vermerkte der Verlag: »Entsprechend den Meinungen und Wünschen, die uns von verschiedenen Seiten übermittelt wurden, wollen wir die früher bereits erschienene Sammlung ›Acht Arten bemalten Briefpapiers, herausgegeben vom Verlag Rung-Bau-Dschai‹ in einer ergänzten und verbesserten Auflage neu herausbringen, um den Erwartungen der Öffentlichkeit zu genügen.« Inzwischen hat der Verlag viele weitere Bände herausgebracht.

Im folgenden werden nach der Seitenzahl die Namen der Künstler angegeben:

11: Li He-schou
20: Wang Hsüe-tau
24: Wu Guang-yü
27: Hsü Yän-sun
30: Schau Lung
34: Dschuang Da-tschjän
39: Pu Hsin-yü
52: Hsü Yän-sun
70: Hsü Yän-sun
80: Wang Schih-dze
93: Wang Hsüe-tau
104: Wang Rung
110: Pu Hsin-yü
117: Schau Lung
126: Yüan Schih-dschen

Die Vignetten in diesem Buch wurden der Sammelmappe *Dschung-Guo-Tschü Fu-Dschuang Tu-An – Ornamentale Motive auf den Kostümen des traditionellen chinesischen Theaters* – entnommen. Die sehr schön gedruckten Reproduktionen erschienen auf großformatigen Blättern in einer Mappe 1954 in Beijing. Zuvor hatte 1953 eine *Expertengruppe des Instituts zur Erforschung der klassischen Chinesischen Schauspielkunst der Nordostprovinzen* ausgedehnte Reisen in China unternommen, um erstmals eine systematische Sammlung der bisher von den Kunstgeschichtlern vernachlässigten wunderbaren Ornamente auf den Kostümen der Schauspieler des klassischen chinesischen Theaters in mehreren Provinzen des Landes vorzunehmen. Eine Ausstellung der von dieser Expertengruppe zusammengetragenen Ornamente, die meist auch Symbolcharakter besitzen, im Sommer 1954 hatte einen so großen Erfolg, daß bereits im nächsten Jahr ein Prachtband mit den schönsten dieser Kunstwerke veröffentlicht wurde.

Ernst Schwarz